Manfred Hahn

Zusammen leben und lernen 2

Mitschüler und Mitschülerinnen aus Polen, Rumänien, Rußland und Vietnam

Grundschulunterricht mit Kindern aus anderen Ländern

Oldenbourg

PRÖGEL PRAXIS: UNTERRICHTSMATERIAL 21

1. Auflage 1994

Lektorat: Sylvia Bernard-Dronia
Herstellung: Fredi Grosser
Umschlaggrafik: Sabine Bayerl, Renningen
Grafiken: Georg Schmitz, Haag i. OB
Satz, Druck und Bindung: Greipel Offset, Haag i. OB
Umschlagkonzeption: Mendell & Oberer, München

ISBN 3-486-**98654**-6

Inhaltsverzeichnis

Vorwort

Kinder deutschstämmiger Aussiedler gehören – wie ausländische Mitschüler/innen (vgl. Zusammen leben und lernen 1, PPU 20; Best.-Nr. 98653) – zur deutschen Klassengemeinschaft.
„Der Entschluß zum Wegzug aus der Heimat trifft die Kinder der Aussiedler häufig in einer wichtigen Phase ihrer Entwicklung. Im Kindergarten wird die nähere Umgebung erkundet, in den Nachbarhäusern warten die Spielgefährten, die Schulklasse ist der Ort erster Freundschaften. Wie sollen die Kinder die Beweggründe der Eltern verstehen, die nun zu einem so harten Bruch mit der gerade handhabbar gewordenen Umgebung führen? Der Wegzug ist unklare Bedrohung, dabei ein Hauch von Abenteuer, sicher aber ein scharfer Schnitt, Trennung von Freunden, Großeltern und Klassenkameraden." (Grill, 1990 10 f)
Die unterrichtspraktischen Vorschläge in diesem Band wollen im Sinne Interkulturellen Lernens Gräben schließen, Mauern einreißen und Gemeinsamkeiten betonen, die in Spielen, in Tänzen, in Liedern oder in Märchen ihre gemeinsamen Wurzeln einsichtig wiederspiegeln.
Die Kenntnis voneinander ist die Voraussetzung für Toleranz und Frieden in einer Welt, die sich eigentlich keine Kriege mehr leisten kann. Interkulturelle Erziehung als Weg zum Verständnis füreinander ist dabei unweigerlich als enorm wichtiges Element der Friedenserziehung anzusehen.

In diesen Band wurden Kinder aus Vietnam mit aufgenommen – dies aus drei Gründen:
In den neuen Bundesländern gehörten vor der „Wende" Vietnamesen zu den ausländischen Arbeitnehmern aus den damals „sozialistischen Bruderstaaten".
Kinder aus Vietnam gehören vereinzelt zur deutschen Klassengemeinschaft – sei es, weil sie in Deutschland adoptiert wurden, sei es, weil sie (vgl. Ten Tsien, Seite 43) Kinder von Flüchtlingen aus Vietnam sind.
Vietnam als das „ferne Land auf der anderen Seite der Erde" soll unterrichtlicher Repräsentant dafür sein, wie Entfernungen im Zeitalter unbegrenzter Kommunikation auf Bedeutungslosigkeit zusammenschrumpfen.
Noch einmal: Die Kenntnis vom anderen ist die Voraussetzung für Toleranz, Friedfertigkeit und Frieden in der Welt. Der Pädagoge und die Pädagogin vor Ort müssen dazu im Klassenzimmer anleiten und befähigen – denn, wie ein ebenso einfacher wie kluger Ausspruch eines Zeitgenossen sagt: Die ganze Welt zu lieben, ist kein Problem. Das Problem ist der Nachbar neben mir.

Augsburg, im Frühjahr 1994

I. Kinder aus Polen

Jerzy* aus Polen oder ein Schiff im Park

Ich heiße Jerzy. Ich stamme aus einem kleinen polnischen Dorf. Mein Urgroßvater ist früher einmal von Deutschland nach Polen gekommen, und eines Tages hat mein Vater gesagt: „Wir wollen in die Heimat zurückkehren. In Deutschland gefällt es uns vielleicht besser als hier.“

Mir gefiel es gut bei uns zu Hause, ich wollte nicht weg. Aber meine Eltern haben sich trotzdem umsiedeln lassen, und jetzt sind wir in München. Das ist eine riesige Stadt. In einer einzigen Straße wohnen mehr Menschen als in unserem ganzen Dorf.

Ich mußte auch gleich zur Schule gehen. Das war scheußlich. Ich sprach damals nur ganz wenig deutsch, und die Kinder lachten, wenn ich etwas sagte. Nicht alle, nur ein paar. Aber ich dachte, die ganze Klasse lacht über mich. Deshalb sagte ich gar nichts mehr. Wenn der Lehrer mich fragte, antwortete ich nicht. Der dicke Michel Heider rief dann immer: „Jerzy doof“, und die anderen lachten wieder. Am liebsten hätte ich sie verprügelt. Aber ich hatte keinen Freund, der mir half.

Seit wir in Deutschland sind, arbeitet meine Mutter in einer Fabrik, und nach der Schule bin ich immer allein. Bei schönem Wetter bin ich oft durch die Stadt gebummelt. Die vielen Menschen und die Autos und die Schaufenster und Hochhäuser und Kräne und Bagger und die U-Bahn und die Rolltreppen – das fand ich alles toll. Bei uns im Dorf hat es so was nicht gegeben, auch keinen Fernsehturm und keinen Springbrunnen. Manchmal war ich richtig froh, daß wir in diese große Stadt gezogen sind. Aber ich brauchte bloß an die Schule zu denken, dann hatte ich wieder Angst vor dem nächsten Morgen.

Eines Tages bin ich in einen Park gekommen. Dort war es schön, beinahe wie in dem Wald bei unserm Dorf: hohe, dicke Bäume, und neben dem Weg floß ein Bach. Ich habe mich ins Gras gesetzt und ganz vergessen, daß ich in München war. Da kam ein Junge. Ich erkannte ihn schon von weitem. Es war einer aus meiner Klasse, Uli hieß er. In der Hand trug er eine Plastiktüte. „Tag, Jerzy“, sagte er und setzte sich einfach neben mich. Ich wurde wütend. Ich wollte keinen aus meiner Klasse hier im Park haben. Und ich dachte: „Wenn der nicht gleich abhaut, kriegt er eine Abreibung. Er ist ja allein, und ich bin größer.“

Aber Uli ging nicht weg. Er griff in seine Tüte. „Sieh mal“, sagte er. „Ich hab' ein neues Schiff.“ Es war ein schönes Schiff, rot und mit weißen Segeln. Zuerst wollte ich nicht hingucken. „Hau ab, laß mich in Ruhe“, sagte ich, bestimmt wieder in ganz falschem Deutsch. Aber Uli lachte nicht, er sprach mit mir wie mit einem anderen Jungen. Er erzählte von seiner Tante, die ihm das Schiff mitgebracht hatte. Da erzählte ich ihm auch etwas: von meiner Tante in Polen und von meinen Freunden und dem Teich im Dorf, und er lachte kein einziges Mal. Er stand auf und zog mich am Ärmel. „Komm mit“, sagte er.

Wir sind zu einem kleinen See in der Nähe gegangen. Dort hat Uli das Schiff ins Wasser gesetzt. Er holte zwei Stöcke. Damit haben wir es vom Ufer weggestoßen.

„Das Schiff schwimmt“, sagte Uli, und ich habe es nachgesprochen und ihm auch beigebracht, wie die Worte auf polnisch heißen.

Den ganzen Nachmittag haben wir mit dem Schiff gespielt, bis es dunkel wurde.

„Morgen machen wir weiter“, sagte Uli. „Kommst du wieder her?“

Dann sind wir zusammen nach Hause gegangen, und ich war nicht mehr wütend und nicht mehr traurig, und ich hatte keine Angst mehr vor dem nächsten Tag.

Irina Korschunow

* *Jerzy – Aussprache: Jäschi*

(aus: Korschunow, Irina: Leselöwen-Stadtgeschichten. © Loewes Verlag, Bindlach, [8]1989.

Unterrichtliche Möglichkeiten

Die Eigenbetrachtung

Bei polnischen Aussiedlerkindern in der Klasse erweist sich die vorliegende Erzählung als Spiegel, der der Klassengemeinschaft vorgehalten wird. Der gerät ganz zwangsläufig zur Meßlatte zwischen Dichtung und Wirklichkeit:

Werden unsere polnischen Mitschüler auch gleich ausgelacht, wenn sie etwas falsch sagen, oder ist unser Klassenleben von einer Atmosphäre geprägt, in der zwar auch viel gelacht wird, aber niemand AUS-gelacht wird?

Muß der polnische Mitschüler am Nachmittag auch mutterseelenallein durch die Stadt / durch den Ort gehen oder hat er bereits Freunde gefunden, mit denen er spielen kann?

Darf das polnische Kind auch einmal ein Gedicht in polnischer Sprache vortragen? Wie wirkt diese fremde Sprache auf uns, auch wenn wir sie nicht verstehen?

Wollen wir so sein wie die Klasse in der Erzählung oder kommen wir miteinander besser aus?

Die literarische Aufforderung
Jerzy kommt aus einem kleinen polnischen Dorf. Die Geschichte fordert nachgerade dazu auf, auch die polnischen Kinder über sich erzählen zu lassen:

- Woher kommst du (vom Dorf oder aus der Stadt)?
- Erzähle vom Dorfleben/vom Stadtleben!
- Wie hast du dich bei uns eingelebt?
- Fühlst du dich in der Klasse wohl?
- Lerne uns doch auch einige Wörter in polnischer Sprache. Was heißt zum Beispiel. . .?
- Bringe ein Fotoalbum mit, und zeige uns die Bilder (auch in der Pause, in Phasen Freien Arbeitens. . .). Auch wir bringen Fotos mit und vergleichen die Bilder von der Taufe, vom ersten Geburtstag, von einer Hochzeitsfeier, vom ersten Schultag. . .

Mauern einreißen — Brücken bauen
Bei einem noch zu verbessernden Klassenklima eignet sich die Erzählung von Irina Korschunow hervorragend, Literatur als Gestaltungsmodell für erstrebenswertes Miteinander unterrichtlich nachvollziehbar zu machen. Bei einem bereits hinreichend positiven Klassenleben soll sie Bestätigung sein.
Nach einer vorangegangenen variativen Textarbeit könnte ein **Tafelbild** oder ein **Arbeitsblatt** die Handlung der Erzählung wie folgt transparent machen:

Tag, Jerzy ! Dzień dobry, Uli !

Steine können Mauern oder Brücken sein. Menschen können Feinde oder Freunde sein.

Name: ______________________	Klasse: ______________	Arbeitsblatt: **1**

Jerzy und Uli verstehen sich

▼ Verwende nur **die** Steine, die sich zum Bau einer Freundschaftsbrücke eignen.

▼ Du darfst auch **selbst Steine finden** und oben in die Brücke einbauen!

Wenn ich dich schon sehe !!!	Wollen wir zusammen spielen ?	Hau ab !	**?**
Komm her !	Freund heißt auf polnisch przyiaciel.	Sehen wir uns morgen wieder?	Soll ich dich verprügeln ?
Du interessierst mich nicht !	Erzähle doch von deiner Tante !	Ist doch mir egal !	**?**

Post aus Polen für Krystyna

Die (Vor-)Namen von Kindern aus anderen Ländern sind bisweilen auch für den Lehrer und die Lehrerin schwierig auszusprechen. Das trifft **auch auf polnische Namen** zu. Gerade aber die richtige akustische Wiedergabe des Namens ist für die Beziehungsebene in Unterricht und Erziehung von hoher Bedeutung. Namen der deutschen Kinder **und** der aus anderen Ländern können im Unterricht auf vielfältige Weise thematisiert werden. *Eine* Möglichkeit stellt die Bearbeitung des Arbeitsblattes dar, das **im Zusammenhang** mit etwa folgenden Aktivitäten zu sehen ist:
Beim Thema **Post** im Sachunterricht oder beim Thema **Briefe schreiben** im Schriftlichen Sprachgebrauch darf das polnische Kind Namen (Adresse, Formalia des Briefes) und Städte/Orte (Absender/der Weg des Briefes) nennen. Es darf – mit Erlaubnis der Eltern – konkrete Briefumschläge mitbringen.
Das polnische Kind darf Namen und Städte aus Polen vorlesen.
Konkrete und fiktive Absender (Orte/Städte) mit polnischen Namen werden auf der selbstgefertigten Länderkarte im Klassenzimmer (Polen ist unmittelbar angrenzender Nachbar Deutschlands) mit Steckfähnchen gekennzeichnet.
In Phasen Freien Arbeitens/der Vorviertelstunde können im Zusammenhang mit dem Thema Post auch deutsche und polnische Briefmarken Gegenstand des Tausches sein u.a.m.

Lehrerinformation

Die richtige Aussprache der im Arbeitsblatt verwendeten polnischen Namen:

Geschrieben	*Gesprochen*
Alicja	Alítsia
Cecylia	Zäzília
Grzegorz	Gschägosch
Krystyna	Kristína
Małgorzała	Máwgoschawa
Tadeusz	Tadä – usch

Lösung des Arbeitsblattes

Name: ______	Klasse: ______	Arbeitsblatt: **2**

Trara, trara - die Post ist da !

❶ Krystyna bekommt von Freunden und Verwandten **Post aus Polen**. Finde heraus, **wer** die Briefe geschrieben hat. Schreibe den Anfangsbuchstaben auf den Briefumschlag:

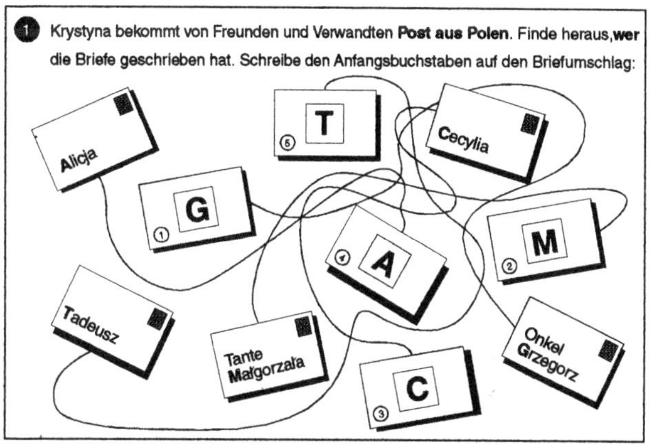

❷ **Woher** kommen die Briefe? Schreibe die Stadt auf den Briefumschlag.
Die Angaben unten helfen dir.

① **Posen** ② **Krakau** ③ **Warschau**

④ **Breslau** ⑤ **Bromberg**

Cecylia ist die Freundin von Krystyna und wohnt in **Warschau** - Onkel **Grzegorz** hat ein Haus in **Posen** - **Tadeusz** ist der Vetter von Krystyna aus **Blomberg** - Tante **Małgozała** schreibt aus **Krakau** -**Alicja** ist die beste Freundin von Krystyna und wohnt in **Breslau**.

Name: ______________________	Klasse: ______________	Arbeitsblatt: **2**

Trara, trara - die Post ist da !

1 Krystyna bekommt von Freunden und Verwandten **Post aus Polen**. Finde heraus, **wer** die Briefe geschrieben hat. Schreibe den Anfangsbuchstaben auf den Briefumschlag:

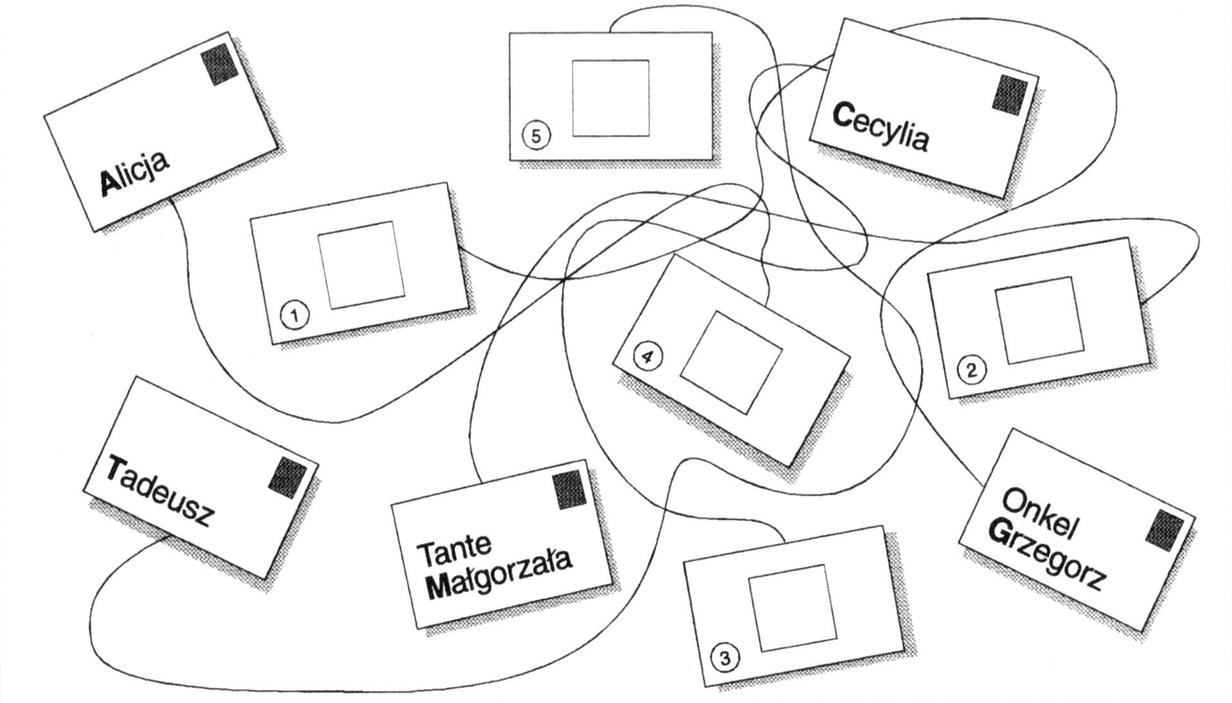

2 **Woher** kommen die Briefe? Schreibe die Stadt auf den Briefumschlag.
Die Angaben unten helfen dir.

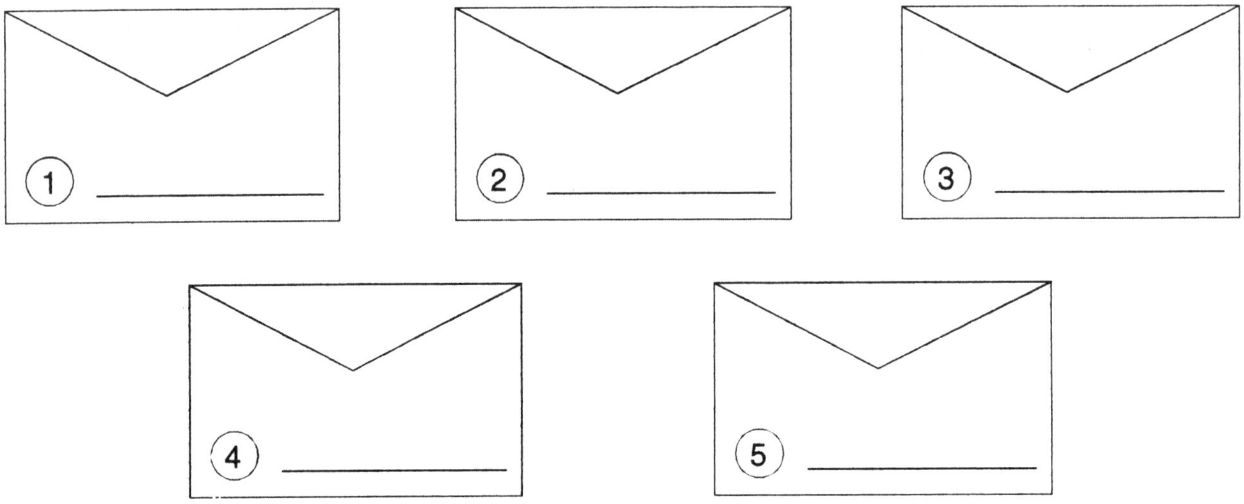

Cecylia ist die Freundin von Krystyna und wohnt in **Warschau** - Onkel **G**rzegorz hat ein Haus in **Posen** - **T**adeusz ist der Vetter von Krystyna aus **Blomberg** - Tante **M**ałgozała schreibt aus **Krakau** - **A**licja ist die beste Freundin von Krystyna und wohnt in **Breslau**.

Alicija trägt ein polnisches Gedicht vor.

Ogródek (Aussprache: ogrudek)
– das Blumengärtchen
Ein polnisches Kind in der Klasse trägt das Gedicht zunächst vor. Die Klasse hört sich in den Klang der für sie fremden Sprache ein. Das polnische Kind kann zeigen, wie es diese seine Erstsprache mit Leichtigkeit beherrscht. Es erntet von den Mitschüler/innen Anerkennung und Bewunderung.

OGRÓDEK

(Unbekannter Verfasser)

W naszym ogródeczku
Są tam śliczne kwiaty:
Czerwone różyczki
I modre bławaty.

Po sto listków w róży,
A po pięć w bławacie:
Ułożę wiązankę
I zaniosę tacie.

A tata się spyta:
Gdzie te kwiaty rosną?
W naszym ogródeczku,
Gdzie je siałam wiosną.

Das Blumengärtchen

(Übersetzung: P. Rzedkowsky)

In unserem Blumengärtchen
gibt es wunderschöne Blumen:
rote Rosen und
blaue Kornblumen.

Je hundert Blüten in der Rose,
je fünf in der Kornblume:
Ich mache einen Strauß
und schenke ihn meinem Vati.

Und Vati wird fragen:
Wo wachsen solche Blumen?
In unserem Blumengärtchen,
wo ich sie im Frühling gesät habe.

Möglichkeiten der unterrichtlichen Realisierung:
Nach dem Vorlesen des **polnischen Gedichtes** durch einen polnischen Mitschüler (polnische Mitschülerin) wird der **polnische Text** (vgl. oben) auf dem Tageslichtprojektor/als Textvorgabe allen Kindern vorgestellt.
Wir lösen als Sprachendetektive den „Fall ogródek“!!!
Die Klasse bekommt die Übersetzung (noch) nicht. Erfahrungsgemäß löst die optische Darstellung des polnischen Textes bei den Kindern großes Erstaunen aus. Es fallen ihnen vor allem „diese vielen Zeichen“ auf, die wir in der deutschen Sprache nicht kennen. Es entwickelt sich ein Gespräch mit den polnischen MitschülerInnen, die die „Zeichen“ im Zusammenhang mit der Aussprache **kindgemäß** erklären.
Um nun den Überraschungseindruck in überschaubare Bahnen zu lenken, legt der Lehrer/ die Lehrerin eine **Overlay-Folie (Blumenfolie)** auf. Die Koppelung von Text und Bildimpuls erleichtert den „Detektiven“ das erste Annähern an den Textinhalt.

Overlay-Folie, die auf den polnischen Text aufgelegt wird:

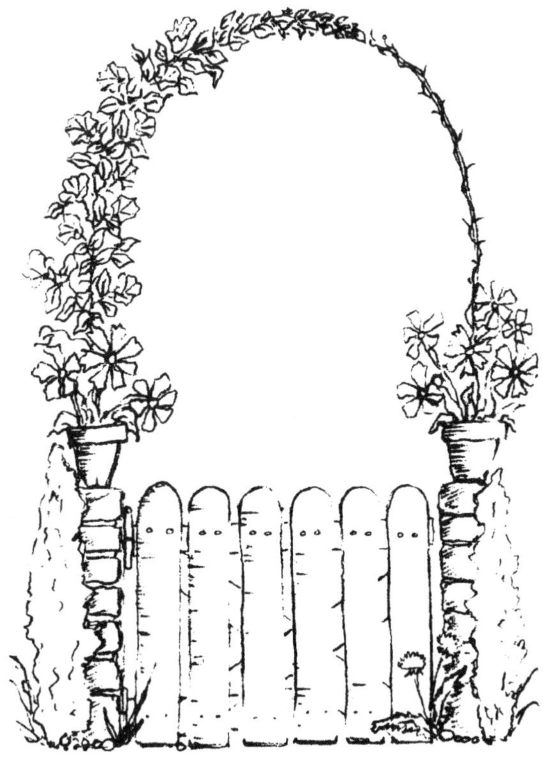

Das Übersetzerspiel:
Die Sprachdetektive dürfen ihre polnischen Mitschüler um eine bestimmte Anzahl (kann man vorher als „Übersetzungsspielregel“ ausmachen) von Wörtern bitten, die sogleich von den polnischen Kindern übersetzt werden, z. B.:

● Es dürfen 7 Wörter erfragt werden.

Die Schüler fragen zum Beispiel: Wie heißt bitte das 4. Wort in Zeile 2?
Das polnische Kind nennt das Wort **kwiaty** und übersetzt gleich: **Blumen.**
Kwiaty wird im Text (OHP oder Textvorlage) durch **„Blumen“** ersetzt. **Kwiaty** tritt auch in Zeile 10 (3. Wort) auf und wird ebenfalls übersetzt.

● Die weiteren 6 Übersetzungswörter werden erfragt. Als Reizwörter geben sie Teile des Inhalts frei. Es entwickelt sich ein Unterrichtsgespräch, bei dem Vermutungen und Ideen eingebracht werden.

Die Übersetzung des polnischen Textes (vgl. oben) löst den „Fall ogródek“.
Wir **vergleichen** das „polnische Blumengärtchen“ mit einem bekannten Gedicht von Johann Wolfgang von Goethe:

Das Beet

Das Beet, schon lockert
sich's in die Höh',
da wanken Glöckchen
so weiß wie Schnee;
Safran entfaltet
gewalt'ge Glut,
smaragden keimt es
und keimt wie Blut.
Primeln stolzieren
so naseweiß,
schalkhafte Veilchen,
versteckt mit Fleiß;
was auch noch alles
da regt und webt,
genug, der Frühling,
er wirkt und lebt.

(Johann Wolfgang von Goethe)

Nach einer hinreichenden Bearbeitung und Ausweitung der Frühlingsthematik im mündlichen Sprachgebrauch, im Interkulturellen Lernen, im Kunsterziehungsunterricht, im Sachunterricht oder in Phasen Freien Arbeitens können die beiden folgenden Kopiervorlagen (auch zum An- und Ausmalen) eine lernsichernde Ergänzung darstellen:

Aussprachehilfe (Lehrerinformation)

Zu Kopiervorlage:
Unsere Blumen im Garten
Die vereinfachte Aussprache steht in Klammern.
Zu Kopiervorlage:
Wer wohnt da noch in unserem Garten?

		Aussprache:
Der Igel	= jeż	jäsch
Die Schnecke	= ślimak	chlimak
Der Wurm	= robak	robak
Der Schmetterling	= motyl	motil
Die Eidechse	= jaszczurka	jaschtschurka

Name:	Klasse:	Arbeitsblatt: **3**

Unsere Blumen im Garten

Welche Blumen kommen **in beiden Gedichten** vor?

Trage die deutschen Blumennamen in die richtigen Kästchen ein.

Laß dir die polnischen Blumennamen vorsprechen, und hilf deinen polnischen Mitschülern bei den deutschen Blumennamen.

Male die Blumen naturgetreu aus!

róża
(ruscha)

die

bławatek
(buawatek)

die

śniezyczka
(schnjäschitschka)

das

fiołek
(fiowek)

das

prymula
(primula)

die

Name: ______________________	Klasse: ____________	Arbeitsblatt: **4**

Wer wohnt da noch in unserem Garten?

der ______________________

die ______________________

der ______________________

der ______________________

die ______________________

Was gehört zusammen? Vervollständige die Linien richtig!

Die Eidechse	☐	fliegt	☐	ślimak
Der Igel	☐	schleicht	☐	jaszczurka
Die Schnecke	☐	vergräbt sich	☐	motyl
Der Schmetterling	☐	sticht	☐	robak
Der Wurm	☐	huscht	☐	jeż

Feines aus Polens Küche

Kuttelflecke sind wohl die bekannteste Spezialität aus Polens Küche. Die Kutteln werden auch als Kaldaunen bezeichnet. Im Polnischen heißen sie **flaki.**
Ein weiteres bekanntes Rezept aus Polen verrät uns die **Rote-Bete-Suppe,** auch Borschtsch genannt. Im Polnischen sagt man barszcz czerwony (Aussprache: barschtsch tschärwóni) dazu.
Noch ein typisches Gericht: Bigos **(Krautfleisch)**
Es wird aus Kohl, verschiedenen Sorten von Fleisch und Pilzen zubereitet.

Unterrichtliche Möglichkeiten:

Im Zusammenhang mit Rezepten (Karteikartenarbeit, Kunsterziehung, Schriftlicher Sprachgebrauch, Interkulturelles Lernen) aus Deutschland und anderen Ländern sagen die polnischen Mitschüler/innen, welche Rezepte sie aus Polen kennen. Sie bringen Rezepte von zuhause mit.

Bekannte Speisen aus deutscher und polnischer Küche werden verglichen, besprochen, mglw. im Unterricht bereitet, auf dem Schulfest angeboten. . .
Interkulturelle Inhalte gestatten die Gewichtung auf facheigene und sachgemäße Arbeitsweisen.
Im folgenden **Text** (Arbeitsvorlage für die Hand des Schülers am je geeigneten didaktischen Ort) geht es um den Vergleich von Textsorten (Zutatenliste/Rezept).
Beim vorgeschlagenen **Arbeitsblatt** geht es um informationsentnehmendes Lesen mit interkulturellen Inhalten. Der Schüler muß, nachdem er u. a. auf der Arbeitsvorlage und im Klassengespräch mit den polnischen Kindern drei Rezepte (rsp. deren Zutaten) kennengelernt hat, aus einem Zutatenangebot in Wortform das entsprechende Rezept herausarbeiten.

Text für die Hand des Schülers

Kuttelflecke

Zutaten:
Kutteln, Öl, Zwiebeln, Knoblauchzehen, Tomatenmark, Salz, Pfeffer, Weißwein, Mehl, Petersilie, geriebener Käse

Rote-Bete-Suppe

Zutaten:
Knochenbrühe, in Würfel geschnittenes Hammelfleisch, Weißkraut (Kohl), Lauch, Karotte, Sellerie, grüne Bohnen, Kartoffeln, Salz, Pfeffer. Kümmel, Lorbeerblatt, Rote-Rüben-Saft

Krautfleisch

Zutaten:
Weißkraut, Weinsauerkraut oder Sauerkraut, mageres Schweine- und Kalbfleisch, geräucherte Wurst, durchwachsener Schweinebauch, Fett, Zwiebeln, Kartoffeln, Steinpilze, Knoblauchzehen, Lorbeerblätter, Wacholderbeeren, Kümmel, Salz, Pfeffer

Vergleiche die **Zutatenliste 1 mit dem Rezept** von Kuttelflecken, und laß dir darüber einiges von den polnischen Kindern aus deiner Klasse erzählen:
Unter Kutteln versteht man den Rindermagen. Man kauft die Kutteln gut gereinigt und gut gewässert, meist sogar schon gekocht und geschnitten.
Rohe Kutteln muß man gründlich waschen, wässern, in Essig-Salz-Wasser zweieinhalb bis drei Stunden kochen und nudelig fein schneiden.
Die geschnittenen Kutteln werden in heißem Öl mit feingeschnittenen Zwiebeln und einer zerdrückten Knoblauchzehe angeröstet. Tomatenmark zugeben, salzen und pfeffern. Mit Weißwein aufgießen und eine halbe Stunde dünsten lassen. Die Soße mit angerührtem Mehl binden, mit Petersilie und nach Belieben mit geriebenem Käse bestreuen.

Name:	Klasse:	Arbeitsblatt: 5

Hier kocht der Chef persönlich!

Welche Zutaten befinden sich im Teller ? Markiere sie mit verschiedenen Farben.

Vergleiche die Zutaten im Teller **ganz genau** mit den Zutatenlisten von Rote-Bete-Suppe, Kuttelflecke und Krautfleisch. Welche dieser Speisen hat der Koch im Teller vorbereitet ? ______________________

Welche Zutaten fehlen noch ? ______________ ______________

Welche Zutat oder welche Zutaten im Teller haben dich auf die Lösung gebracht ?

______________ ______________ ______________

Schreibe die vollständige Zutatenliste mit Schönschrift !

Osterbräuche aus Deutschland und Polen

Im heutigen Polen ist fast die gesamte Bevölkerung römisch-katholisch. Die Katholiken machen 95 % aus. 1950 trafen die Bischöfe eine Abmachung mit der Regierung des sozialistischen Staates, wonach die Religion frei ausgeübt werden darf, die Kirche aber das Regime anerkennt. 1978 erfolgte die Wahl des Krakauer Kardinals Wojtyla zum Papst (Johannes Paul II.). Im Mai 1989 wurde die Selbständigkeit der Katholischen Kirche in Polen rechtlich fixiert, im Juli wurden die seit 1945 unterbrochenen Beziehungen zum Vatikan wieder aufgenommen.

In Deutschland wie in Polen stellt das Osterfest einen der Höhepunkte im Kirchenjahr dar. Im Religionsunterricht, im Deutschunterricht, im Sachkundeunterricht oder in der Kunsterziehung sollte daher die Möglichkeit genutzt werden, mit Osterbräuchen beider Länder vertraut zu machen.

Vielfach sind Osterbräuche in Vergessenheit geraten. Dort könnten Rückfragen der Schüler bei den Großeltern eine wertvolle Ergänzung zur unterrichtlichen Erarbeitung sein. Im Zusammenhang mit Ostern in Deutschland und Polen könnte als Einstieg in die Sequenz die Person des Heiligen Vaters, des Papa Poloniae, eine mehrfach bindende Klammer sein:

Papst Johannes Paul II. kommt aus Polen. Er ist der erste nichtitalienische Papst seit Hadrian VI. (1522 – 1523).

Vom Balkon der Peterskirche aus (Fernsehübertragung!) spendet er zu Ostern den päpstlichen Segen URBI ET ORBI (der Stadt (Rom) und dem Erdkreis) und spricht die Osterwünsche in mehr als 50 Sprachen.

Die unterrichtliche Darstellung von Osterbräuchen aus Polen und aus Deutschland stellt nicht nur Gemeinsamkeiten und Ähnlichkeiten heraus (z. B.: Ostertau und Kornfeldbeten), sondern eignet sich sehr gut

- für meditative Zugänge im Unterricht,
- für Unterricht und Erziehung zur Stille,
- zum Nachdenken, zu altersgemäßen Reflexionen über Sinnsuche und Sinnfindung im Glauben,
- zur Transparenz für Tradierungswürdigkeit von Brauchtum in einer von Hektik, Schnellebigkeit und Oberflächlichkeit geprägten Zeit,
- zum Nachspielen,
- zum Gestalten im Kunsterziehungsunterricht,
- zu Bastelarbeiten.

(Osterbräuche teilweise verändert und gekürzt, aus: Weite Welt für die jugendlichen Freunde und Förderer des Steyler Missionswerkes. Verleger: Soverdia, Gesellschaft für Gemeinwohl mbH, 4045 Nettetal 2)

Beispiel für ein individuelles (Zeichenblock) oder auch gemeinschaftliches Gestaltungsvorhaben in der Gruppe (farbiges Tonpapier, Stoff, bunte Wollfäden. . .):

Osterbräuche aus Polen.

Ein Osterbrauch heißt **"stiepen"**. Etwa zwei Wochen vor Ostern werden aus dem Wald Birkenzweige geholt. Die grünen Blätter sollen bis Ostern austreiben. Wer am Ostersonntag als erster aufwacht, kann durch das Haus gehen und den anderen die Bettdecke wegziehen. Den Schläfern darf man einige Schläge mit der "Stieprute" geben.

Viele Ostertische der Polen schmückt ein Osterbeet. Etwa zwei Wochen vor Ostern werden befeuchtete, **keimende Weizenkörner** in einen Suppenteller gelegt. Mitten in das sprießende Grün werden bunt verzierte Eier gelegt.

Am Ostersonntag gehen die jungen Mädchen gleich nach Mitternacht in den Wald an eine Quelle und holen dort **Osterwasser**. Sie müssen schweigend gehen, weshalb das Osterwasser auch Plapperwasser genannt wird. Oft verstecken sich dort die Buben, um die Mädchen zum Lachen zu bringen.

Der **Ostertau** der Wiesen besitzt nach der Vorstellung der Polen eine besondere Wunderkraft. Die Kinder wälzen sich im feuchten Gras und schlagen Purzelbäume. Das soll helfen, gesund zu bleiben.

Osterbräuche aus Deutschland, die nicht jeder kennt.

Osterlachen

Dieser Brauch stammt aus dem 19.Jahrhundert und wird heute kaum mehr ausgeübt. Der Pfarrer sollte seine Gemeinde an Ostern zum Lachen bringen, weil das Lachen ein Zeichen der Lebenslust und des Frühlings ist.

Kornfeldbeten

Dieser Brauch wird heute noch in einigen ländlichen Gegenden ausgeübt. Dabei geht man am frühen Sonntagmorgen hinaus auf die Felder und singt Osterlieder. Dies soll zu einer guten Ernte verhelfen.

Gang nach Emmaus

Die ganze Familie macht sich am Ostermontag auf den Weg und zieht ins Grüne. Das soll an die Jünger erinnern, die auf dem Weg nach Emmaus den auferstandenen Jesus getroffen haben.

Eierrollen

Man rollt bunte Ostereier einen Abhang hinunter. Dabei ist derjenige der Sieger, der einem Ziel am nächsten kommt oder das Osterei eines anderen so trifft, daß die Schale angeschlagen ist.

Name: ______________________ Klasse: ______________ Arbeitsblatt: **6**

Osterbräuche aus Polen und Deutschland

Welche Bräuche haben sich bei den Eiern versteckt?

1. Osterlieder sollen zu einer guten Ernte verhelfen.
2. Kinder schlagen Purzelbäume.
3. Der Pfarrer bringt seine Gemeinde zum Lachen.
4. Sie werden in einen Suppenteller gelegt.
5. Mädchen dürfen nicht plappern.
6. Man darf den Langschläfern einige Hiebe verabreichen.
7. Der Brauch findet an einem Abhang statt.
8. Die Familie zieht am Ostermontag ins Grüne.

Trage den Namen des Osterbrauches in die Kästchen ein. Die Buchstaben in den stark umrandeten Feldern ergeben von Korb 1 bis 8 ein Lösungswort.

Schreibe in großen Druckbuchstaben (CH = 2 Buchstaben; Ö = 1 Buchstabe)

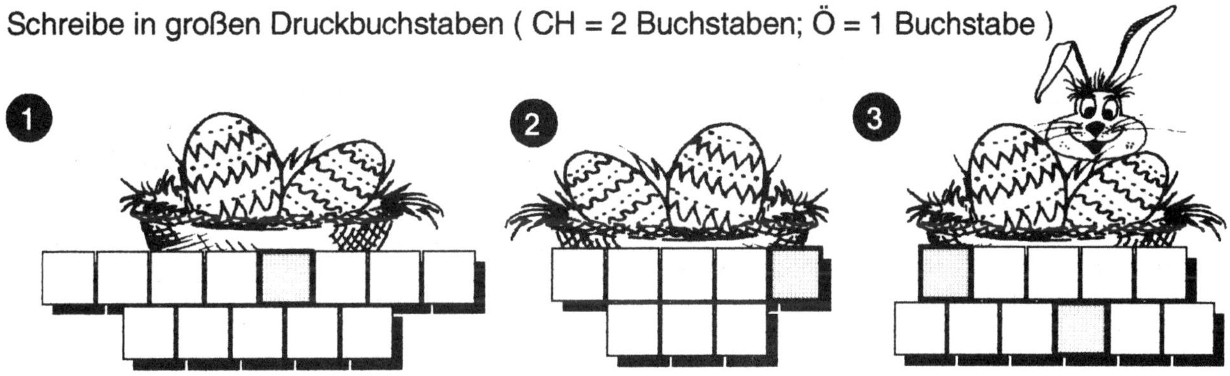

Was wünschen wir uns: (Lösungswort)

Tanzen und Singen

Dazu stellt Gancz (ders. 1993, 3) fest: Farbig und faszinierend ist das Bild von Jahrmärkten, Studentenfesten, einer Fronleichnamsprozession oder einer Bauernhochzeit. Noch immer reißen der **Krakowiak** oder eine **Masurka** einen sinnenfrohen und vitalen Menschenschlag zum Tanz mit und bewahren die bäuerlichen Gebiete ihr Volkstum, ihre Bauweise, ihre uralten Trachten, Dialekte, Lieder und Bräuche.

Lehrerinformation

Die Kultur eines Landes und dessen Brauchtum äußern sich auch in der Lebendigkeit von Gesang und Tanz. Interkulturelles Lernen in der Grundschulklasse mit Kindern aus anderen Ländern trifft im folgenden auf Kulturgut, das bereits in der Vergangenheit nationale Grenzen überwunden hat und anderen Kulturkreisen zugänglich wurde. Umso mehr Berechtigung besteht zur unterrichtlichen Veranschaulichung und Bewußtmachung im gemeinsamen Lernen:

Die POLONAISE (poln.: polonez; heute überwiegt die Bezeichnung „gęśi taniec“ (Aussprache: gôusi taniäts) aus: gęs, = Gans; taniec = Tanz;), der polnische Nationaltanz. Er ist ein Schreittanz im ruhigen 3/4-Takt. Die Polonaise ist eine traditionelle Art, ein Fest oder einen Tanzabend zu eröffnen. Früher schritten die Paare im 3/4-Takt durch den Festraum. Heute wird die Polonaise auch zu geradtaktiker Musik marschiert.

Die MAZURKA (auch: Masurka) ist ein alter polnischer Tanz im 3/4-Takt, der sich auch bei vielen polnischen Sprung- und Drehtänzen findet. Die Mazurka war von der Mitte des 18. Jahrhunderts an als beliebter Gesellschaftstanz in Europa weit verbreitet. Polnische Komponisten, vor allem Frédéric Chopin (1810 – 1849), schrieben auch Mazurken für den Konzertsaal.

Der KRAKOWIAK (eigentlich: der Krakauer) ist ein polnischer Nationaltanz im 2/4-Takt mit Synkopen. Er ist ein Rundtanz mit Betonungswechsel von Ferse und Stiefelspitze, Fersenzusammenschlag und Umdrehung. Er ist seit dem 19. Jahrhundert auch in Rußland als Gesellschaftstanz beliebt.

Auch der Maciek tanzt Mazurka

Neben dem Singen des Liedes ergeben sich weitere Möglichkeiten der unterrichtlichen Einbindung: Polnische Mitschüler erzählen, was sie über die Mazurka wissen, fragen die Eltern und Großeltern und bringen Informationen mit in den Unterricht.

Informationsentnahme aus dem Text für nichtpolnische Schüler:

- Schlag im Lexikon nach, was eine **Mazurka** ist!
- Maciek (Ausspr.: Matsiäk) dreht sich **im Kreise:** Kannst du dir vorstellen, wie der Tanz aussieht?
- Es biegen sich die **Dielen:** Was ist damit gemeint?

Wenn der Maciek tanzt

T und M: aus Polen (Masuren)
Deutscher Text: Heinz Benker
Aus: Lied & Song. Hrsg. vom Verband Bayerischer Schulmusikerzieher. Verlag Max Hieber, München

Wir tanzen eine Polonaise

Überblick über die gebräuchlichsten Figuren der Polonaise

(Nach einer Idee aus: Liederbuch für die Hauptschule zum Singen, Sprechen, Spielen und Tanzen. Ernst Klett Schulbuchverlag, Stuttgart 1990)

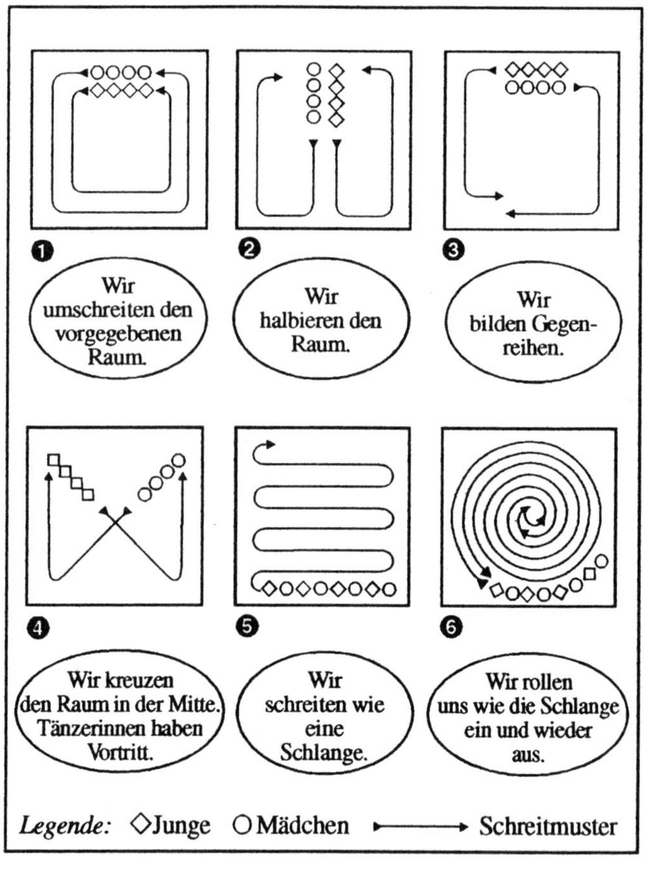

Didaktisch-methodische Anmerkungen zur Realisierung

Das Interkulturelle . . .
ist mit der Polonaise außerschulisch längst verwirklicht. Mit seinem hohen Bekanntheitsgrad beeinflußt der Tanz in vielen Ländern, auch in Deutschland, vielerlei gesellschaftliche Festivitäten. Im Gegenteil: Es macht sich bisweilen kulturell Bedenkliches breit. In ihrer verwässerten Form greift die Polonaise auf Karnevals- und ähnlichen Veranstaltungen unvermeidlich Raum und verliert dabei weitgehend an Kulturspezifik und Ästhetik.

Die unterrichtliche Thematisierung . . .
- bietet sich neben der kognitiven Auseinandersetzung im **Sachkundeunterricht praxisrelevant** vor allem in den Bereichen **Musik und Bewegung** bzw. **Bewegen und Tanzen** in der Grundschule an.

Der meist erheblichen Enge des Klaßzimmers entflohen, ist die Sporthalle **der** Ort, an dem **Interkulturelles Lernen mit Spaß und Freude durch Tun** erfahrbar gemacht werden kann.

- **Sich im Raum zurechtfinden – Bewegungsdisziplin – Konzentration – Rücksichtnahme**

Neben anderen Möglichkeiten des Anfangsunterrichts im Sport der 1. Jahrgangsstufe leistet die Polonaise (vgl. Figur 1) einen wertvollen Beitrag zur **Raumerfahrung:** Wir stecken ein Raumfeld ab, das wir dann umschreiten. Wir achten darauf, nicht „enger zu werden".
In allen Grundschuljahrgängen müssen Bewegungsdisziplin und gegenseitige Rücksichtnahme (Figuren 1 – 6) hochgehalten werden, um die Tanzformation „nicht durcheinander zu bringen".

- **Etikette statt Rüpelhaftigkeit?**

Die Diskussion um Gewalt und Verfall der Umfangsformen in der Schule ist Legion. Die Tanzfigur 4 fordert den Vortritt der Tänzer**innen.** Etikette ist laut Definition „die Gesamtheit der allgemeinen oder in einem bestimmten Bereich geltenden gesellschaftlichen Umgangsformen". Eine Möglichkeit gegen Rüpelhaftigkeit auch und gerade schon in der Grundschule, die im Zusammenhang mit Interkulturellem Lernen zum Greifen nahe ist?

- **Der Einsatz von Musik**

Musik und Bewegung verbinden sich untrennbar. Die Polonaise kann zu jeder beliebigen, geeigneten Musik (aus dem folkloristischen oder klassischen Bereich, nicht unbedingt aus der Popmusik) eingeübt und getanzt werden, die ein Schreiten zuläßt. An der Auswahl der Musik können die Schüler – je nach Jahrgangsstufe und im Zusammenhang mit Musikerziehung, Phasen des Freien Arbeitens, einer offeneren Unterrichtsgestaltung – beteiligt werden.

- **Dem Kreativen**

sind kaum Grenzen gesetzt. Je nach konkreter Klassensituation wird möglicherweise nur 1 Tanzfigur vorgegeben. Die Schüler finden selbständig in Gruppen weitere Tanzfiguren unter Einsatz geeigneter Musik und zeichnen die Figuren auf.

- **Schulleben**

in Form von Schulfesten, klassenübergreifender Veranstaltungen, Schullandheimaufenthalten, Besuchen im Altersheim u.a.m. bieten ein öffentliches Forum, das Selbstgestaltete vorzustellen – im Falle des Altersheimbesuches die Möglichkeit, die alten Menschen miteinzubeziehen!

Panie Janie

So klingt Bruder Jakob auf polnisch

II. Kinder aus Rußland

Eine Geschichte aus Rußland

Der Schneesturm

Vier Kinder, Kolja und Fedja, Tonja und Lida, waren auf dem Heimweg zu den abgelegenen Häusern, in denen sie wohnten. Beim Verlassen der Schule hatte es schon zu dämmern begonnen. Flaumiger Schnee fiel in großen Flocken. Tonja und Lida tanzten den Schneeflockentanz. Fedja, Koljas jüngerer Bruder, machte sich über die beiden lustig:

„Wie Erstkläßler hopsen die zwei!"

Der Schnee fiel immer dichter. Bald konnte man nicht mehr tanzen. Die Filzstiefel versanken bis zur Hälfte im Schnee.

„Daß wir uns nur nicht verirren!" sagte Fedja besorgt.

„Ach was, du Angsthase!" spottete Lida. „In einer Viertelstunde sind wir zu Hause."

Es schneite und schneite. Auch Kolja wurde unsicher, denn er wußte, wie erbarmungslos Schneestürme aus der sibirischen Steppe hervorbrechen können. Es war schon vorgekommen, daß Leute ganz in der Nähe ihrer Häuser den Weg verloren hatten.

Kolja trieb zur Eile an, aber der Schnee reichte den Kindern sehr bald an die Knie.

Die Dunkelheit nahm zu, eine sonderbare weiße Schneedunkelheit. Die Flocken begannen zu kreiseln, und dann ging das Kreiseln und Wirbeln in einen Hexentanz über. Die Mädchen verhüllten ihre Gesichter mit Tüchern. Fedja und Kolja zogen die Ohrenlappen an den Mützen herunter. Der Weg verschwand unter den Füßen der Kinder.

Die Kräfte der Kinder ließen nach. Der Schnee wurde auf den Gesichtern zu Eis. Der Sturm heulte so gräßlich, daß die Kinder an Wölfe dachten.

Da sagte Kolja: „Wir sind vom Weg abgekommen. Damit wir nicht erfrieren, müssen wir uns in den Schnee eingraben wie die Nomaden."

Niemand widersprach. Nur Tonja fragte weinerlich: „Aber wie?"

„Genau so, wie es die Rebhühner machen."

Kolja fing sofort damit an, einen Stollen in eine hohe Schneewehe zu graben. Zuerst schaufelte er mit seiner Schultasche, aber die war zu dick. Dann nahm er den Atlas, und damit ging die Arbeit schneller voran. Fedja löste Kolja ab und dann kam Tonja an die Reihe.

„Dabei wird man warm", sagte Tonja. „Versuch es doch auch, Lidotschka!"

Sie schachteten eine große Höhle aus, und fühlten sich am Ende so geborgen wie Schneehühner, die sich in eine Schneewehe stürzten und Gänge in ihr buddeln. Nun konnte ihnen der Sturm nichts mehr anhaben.

Die Kinder setzten sich auf ihre Schultaschen. Ihr Atem wärmte den winzigen Raum, und sie fühlten sich ganz gemütlich. Kolja hatte noch ein Stück Brot mit Schweineschmalz.

Kolja war zwölf, aber er begann sich als Mann zu fühlen. Damit keiner einschlief, erzählte er Geschichten. Eine Geschichte nach der anderen kramte er aus, aber plötzlich war ein leises Schnarchen zu hören.

„Wer ist das?" fragte Kolja, denn im Dunkeln konnte er keinen erkennen.

„Das ist Tonja", sagte Lida. „Und ich möchte auch gern schlafen, nur ein paar Minuten – darf ich?"

„Nein", sagte Kolja, „das ist zu gefährlich."

„Warum denn? Es ist doch so warm!" Da sagte Kolja so, daß es bedrohlich klang: „Über Schlafende fallen Wölfe her. Sie warten nur darauf, daß irgendwo im Schnee ein Mensch zu schnarchen anfängt."

Die Zeit kroch.

Allen kam es so vor, als sei der Morgen angebrochen und der Schneesturm vorbei.

„Bestimmt suchen unsere Eltern nach uns", sagte Fedja.

Da entschloß sich Kolja, den Ausstieg zu versuchen. Als er das schwere Schneedach durchbrochen hatte, sahen die Kinder einen blassen Mond und verlöschende Sterne.

Draußen dämmerte es.

„Der Morgen!" schrie Kolja. Er begann Stufen in den Schnee zu treten, damit alle ins Freie klettern konnten.

Und da sahen die Kinder Häuser, die sie sehr gut kannten. Nur drei-, vierhundert Meter waren sie von ihnen entfernt. Rauch stieg über den Dächern auf.

„Da ist der Weg!" rief Lida.

Die vier Kinder gingen auf die Siedlung zu, und da liefen ihnen auch schon Leute entgegen, die alle schrien: „Sie leben! Alle vier! Sie sind gerettet!"

(Jewgeni Permjak)

Quelle: Ein Hund auf dem Dach. Hrsg. Horst Schaller. Düsseldorf: Hoch Verlag, 1975, gekürzt wiedergegeben.

Unterrichtliche Realisierung

Mit dem Lesestück SCHNEESTURM wird dem Schüler **eine** von vielen Begegnungsmöglichkeiten mit jenem riesigen Land eröffnet, aus dem deutschstämmige Aussiedlerkinder in der Klassengemeinschaft kommen.

Nach der jeweils vom Lehrer oder der Lehrerin geplanten **Textübergabe** (Anlesen der Geschichte durch den Lehrer/die Lehrerin, Wortimpuls, gemeinsames teilweises Erlesen, Tonbandausschnitt. . .) ergibt sich eine Vielzahl von inhaltlichen Zugängen, von denen – unter dem Aspekt des Interkulturellen Lernens – **einige wenige** angedeutet seien:

- die Namen der russischen Kinder im Lesestück SCHNEESTURM,
- spezifische Wörter und Begriffe, die für das beschriebene Land bezeichnend sind,
- der gefährliche Schulweg der Kinder.

Interkulturelle und facheigene (Umgang mit Texten) Zielstellungen können dabei sehr gut verbunden werden, z. B.:

- die verschiedenen Phasen des Schneesturmes (Textstellenbelegung, klanggestaltendes Lesen, graphische Darstellung. . .)

Als **Ausgangslage** für die vertiefende Textarbeit hat sich aus Erfahrung mit dem Lesestück eine in Gruppen- oder Partnerarbeit geleistete Sammlung spezifischer Begriffe als effektiv erwiesen:

Unterstreiche im Lesestück alle Namen und Wörter, die du für den "Schneesturm in Rußland" als wichtig erachtest.

Festhalten der Begriffe an der *Seiten*tafel, z. B.:

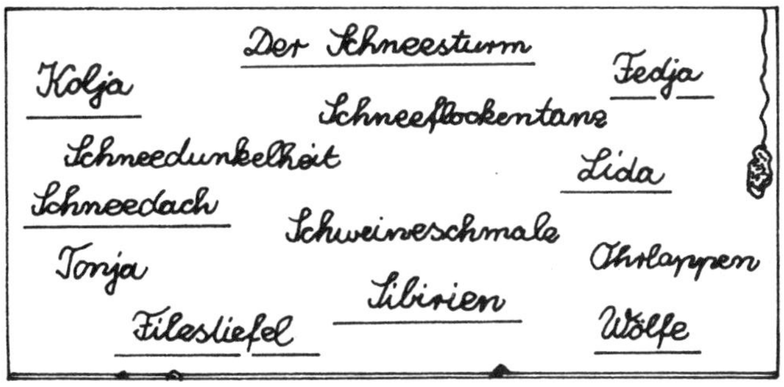

Ordnen der Begriffe an der Tafel:

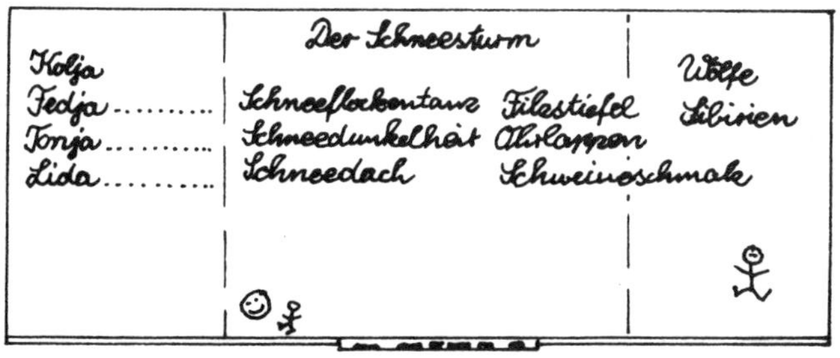

Hereinnahme von Erfahrungs- und Beobachtungspotential russischer Mitschüler:

Berichte der russischen Mitschüler, je nach Herkunftsorten, ob sie „so einen Schneesturm auch schon mal erlebt haben“, ob sie aus Erzählungen der Eltern/Großeltern von „so einem gefährlichen Schulweg“ gehört haben. . .

Die russischen Mitschüler

- sprechen die Namen im Lesestück klanggestaltend vor,
- erklären die Namen,
- zeigen, wie man sie auf russisch schreibt, z. B.:

Kolja heißt auf deutsch eigentlich **„Klaus“,** denn Kolja ist die Verkleinerungsform von **Nikolaus.** Allerdings heißt Nikolaus im Russischen wiederum **Nikolai.** Ausgesprochen wird der Namen aber *Njkalái!!!*
Und so sieht der Name „Kolja“ geschrieben aus:

Zum Erzählen – Nachdenken – Nachempfinden

Stellung nehmen zu dem beschwerlichen und gefährlichen Schulweg der Kinder Kolja, Fedja, Tonja und Lida einen Vergleich mit dem viel angenehmeren **eigenen** Schulweg vornehmen.

Kolja hatte noch ein Stück Brot mit Schweineschmalz

Nachdenken über das Pausebrot auf unseren Schulhöfen, wo belegte oder bestrichene Brote nicht selten in den **Abfalleimer** geworfen werden – im Gegensatz zum Schweineschmalzbrot im „Schneesturm“, das mit „Verstand und Hingabe“ geteilt und gegessen wird.

Erstellen einer Hörspielszene zum Lesestück „Schneesturm“ als projektorientierte Teamarbeit in häuslicher und schulischer Bearbeitung, z. B.:

Herausschreiben bzw. Markieren der entsprechenden Sprechrollen und die des Erzählers. Dabei lohnt sich ein Einsatz russischer Mitschüler für die Sprechrollen, die die Qualität des native-speakers haben.

Klanggestaltendes Lesen in häuslicher Arbeit oder in Phasen Freien Arbeitens.

Erste Probeaufnahme auf Kassettenrekorder und anschließende gemeinsame „Regiebesprechung“

Name:	Klasse:	Arbeitsblatt: **7**

Ein entsetzlicher Schneesturm

Kolja, Fedja, Tonja und Lida sind in einen schweren Schneesturm geraten.
In der Geschichte erfährst du, welchen Verlauf der Schneesturm nimmt.
Ordne die Begriffe nach der richtigen Reihenfolge. Sieh dazu noch einmal im Text nach:

Es schneit und schneit - der Schnee wird zu Eis - Schneeflocken kreiseln und wirbeln - große Flocken fallen - es entsteht eine Schneedunkelheit - die Schneeflocken beginnen einen Hexentanz - der Weg verschwindet unter dem Schnee - die Schneeflocken führen einen Tanz auf

1 __________
2 __________
3 __________
4 __________
5 __________
6 __________
7 __________
8 __________

Suche dir zwei Stationen des Schneesturmes aus, und male sie:

Erfinden und Ausprobieren von Begleitgeräuschen, die das Anwachsen des Schneesturmes eindrucksvoll demonstrieren, z. B.:
- Stimmeinsatz
- Trampeln auf weicher Unterlage (Decke)
- Zusammenschlagen der Arme um den Körper, um die Kälte zu vertreiben . . .
- Auswahl von geeigneter, situationsangemessener Hintergrundmusik
- Probeaufnahmen auf Kassettenrekorder und Auswahl der endgültigen, am besten gelungenen Fassung

Darstellung des Schneesturmes mit Zeichnung und Text als *Tafelbild/Eintrag/Gestaltung an der Steckwand*
Nach vorheriger Erarbeitung in der gesamten Sequenz bleibt es dem einzelnen überlassen (auch Teamarbeit oder Partnerarbeit), den Text und die Zeichnungen selbst zusammenzustellen. Wichtig ist nur, daß dargestellte Aussagen am Text belegt werden können (facheigene Arbeitsweisen).

1 Große Flocken fallen.
2 Die Schneeflocken führen einen Tanz auf.
3 Es schneit und schneit.
4 Die Schneeflocken kreiseln und wirbeln.
5 Es entsteht eine Schneedunkelheit.
6 Die Schneeflocken beginnen einen Hexentanz.
7 Der Schnee wird zu Eis.
8 Der Weg verschwindet unter dem Schnee.

Я Пётр

Ich heiße Peter

Aussprache: (ja piótr)

Sprache und Schrift sind das „eigentlich Fremde“ an den russischen Aussiedlerkindern – so wie es den deutschen Kindern in der Klassengemeinschaft auffällt. Russische Aussiedlerkinder tun sich mit unserem Schriftsystem und der deutschen Sprache dann besonders schwer, wenn sie im Herkunftsland bereits die Schule besucht haben.
Sowohl aus Gründen, die einem positiven Klassenklima mit Kindern aus Rußland in der Klasse zuarbeiten, als auch aus lernpsychologischen Notwendigkeiten heraus ist es für den Lehrer und die Lehrerin eine Hilfe, wenn er/sie sich einen ganz groben Überblick über das russische Alphabet verschafft.

Lehrerinformation

Das russische Alphabet könnte man in drei Gruppen einteilen:
Gruppe 1: Russische Buchstaben, die sich **nicht** oder nur **sehr wenig** von unserer lateinischen Schrift (hier: Druckschrift) unterscheiden:

А	а	=	a
Е	е	=	e
К	к	=	k
М	м	=	m
О	о	=	o
Т	т	=	t

Gruppe 2: Russische Buchstaben, die **zwar so aussehen** wie die deutschen, aber in Wirklichkeit **einen anderen Lautwert** haben:

В	в	=	w
Н	н	=	n
Р	р	=	r
С	с	=	s
У	у	=	u
Х	х	=	ch

Gruppe 3: Russische Buchstaben, die im deutschen Alphabet **nicht** vorkommen:

Б	б	=	b
Г	г	=	g
Д	д	=	d
Ё	ё	=	jo
Ж	ж	=	gesprochen wie j in Journal
З	з	=	s (wie in Rose)
И	и	=	i
Й	й	=	j
Л	л	=	l
П	п	=	p
Ф	ф	=	f
Ц	ц	=	z
Ч	ч	=	tsch
Ш	ш	=	sch
Щ	щ	=	schtsch
Ъ	ъ	=	hartes Zeichen (wird nicht gesprochen)
Ы	ы	=	ähnlich gesprochen wie i in bitte
Ь	ь	=	weiches Zeichen (wird nicht gesprochen)
Э	э	=	e
Ю	ю	=	ju
Я	я	=	ja

(Die Darstellung der Buchstaben ist entnommen aus: Langenscheidts Reise-Sprachkurs. Russisch schnell & leicht. Berlin und München, 1990, 5 f)

Gemeinsames Lernen durch Helfen und Erkennen

Lernspiel (in Phasen Freien Arbeitens, in der Vorviertelstunde, in Differenzierungsphasen. . .)
Die Grundkarten (vgl. auf der Abbildung, links) sind nur auf einer Seite beschriftet. Die Grundkarten liegen zunächst mit der leeren Seite nach oben.
Die Arbeitskarten (vgl. auf der Abbildung, rechts) sind zweiseitig beschriftet: Auf der einen Seite in der jeweiligen Schreibschrift des deutschen Bundeslandes, auf der anderen Seite in kyrillischer Schrift. Die Arbeitskarten werden mit der kyrillischen Schrift nach oben aufgelegt.
Ein Spieler (Lernpartner) deckt eine Grundkarte auf. Der Spielpartner (Lernpartner) muß nun unter den offenliegenden Arbeitskarten in kyrillischer Schrift diejenige heraussuchen, die zur je aufgedeckten Grundkarte paßt. Die Bestätigung findet er, wenn er die Arbeitskarte umdreht und diese mit der Grundkarte übereinstimmt.
Sinnvollerweise spielen (arbeiten) immer ein deutscher Schüler und ein russisches Aussiedlerkind zusammen.

Beispiel:
Es wird die zweite Grundkarte von oben aufgedeckt. Sie ist mit LENA beschriftet:

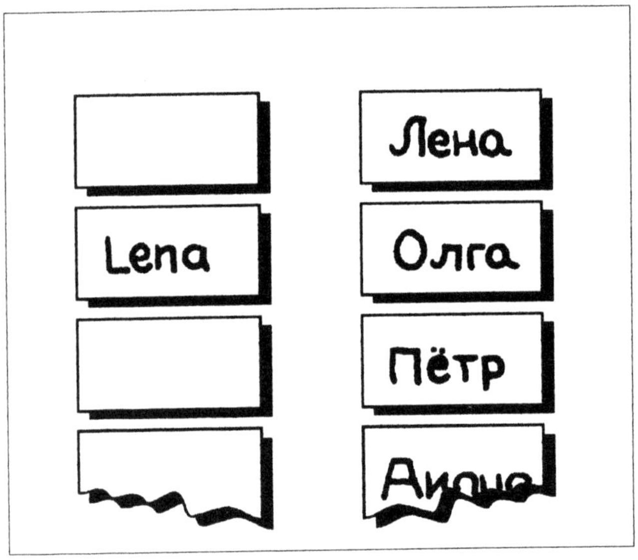

Richtigerweise muß die erste Arbeitskarte von oben umgedreht werden. Die Übereinstimmung von Grundkarte und Arbeitskarte dient der selbständigen Lernkontrolle.

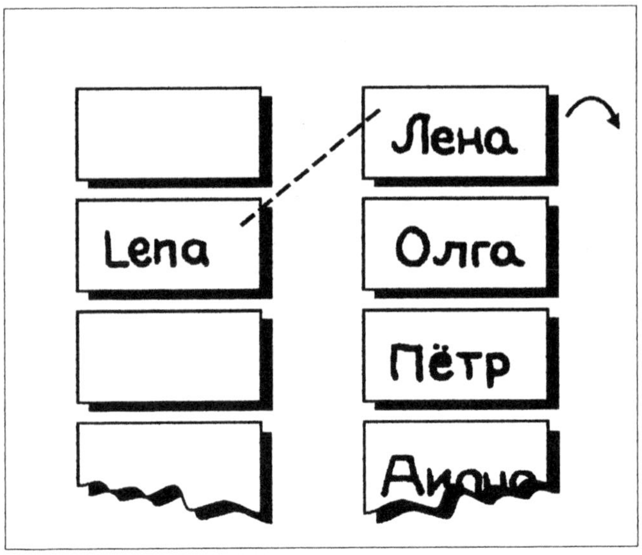

Auflösung zu Arbeitsblatt 8:

Das russische Lösungswort heißt: телефон

Das heißt auf deutsch: **Telefon**

Das Wort wird **"t i l i f o n"** ausgesprochen.

Ein Märchen aus Rußland

DER DUMME IWAN

Es war einmal ein Vater – wer das war, weiß man nicht –, der hatte drei Söhne, zwei verständige, wie jeder von uns, und den dummen Iwanko. Einmal fuhren die beiden klugen Brüder für ein paar Tage auf den Jahrmarkt.
Dem Dummen sagten sie: „Bleib du zu Haus und sei folgsam; was man dich heißen wird, das tu! Finden wir daheim alles in guter Ordnung wieder, bekommst du einen roten Rock."
Und dann fuhren sie auf den Jahrmarkt. Bald darauf sagte die junge Schwägerin zu Iwan:
„Geh mal und hol Wasser!" Iwanko ging hin.
Iwan schöpfte Wasser und fing ein goldenes Fischlein. Das Fischlein bat den Dümmling:
„Laß mich wieder zurück, Iwanko! Ich werde dir später noch von großem Nutzen sein."
Da fragte er: „Was für einen Nutzen wirst du mir denn bringen?"
„Nun, welchen willst du?"
Der Dümmling dachte ein wenig nach, besann sich darauf, daß es lästig ist, in Eimern Wasser zu schleppen, und sagte: „Ich will, daß die Eimer von selbst nach Hause gingen".

Olga	Олга	Ballett	балет
Nina	Нина	Kino	кино
Diana	Диана	Radio	радио
Anna	Анна		

Anregungen zum Aufbau einer Grund- und Arbeitskartenkartei
(zum Kopieren, Ausschneiden und Aufkleben auf die Karteikarte)

Name:	Klasse:	Arbeitsblatt: **8**

Erkennst du die russischen Wörter ?

Male die beiden Partnerbegriffe in derselben Farbe an!
Verbinde die Buchstaben bei den russischen Wörtern rechts oben mit den Zahlen im Lösungsfeld. Das Lösungswort ist ein russisches Wort, das fast deutsch klingt.
Laß es dir vorsprechen und übersetzen! Oder kannst du das selbst?

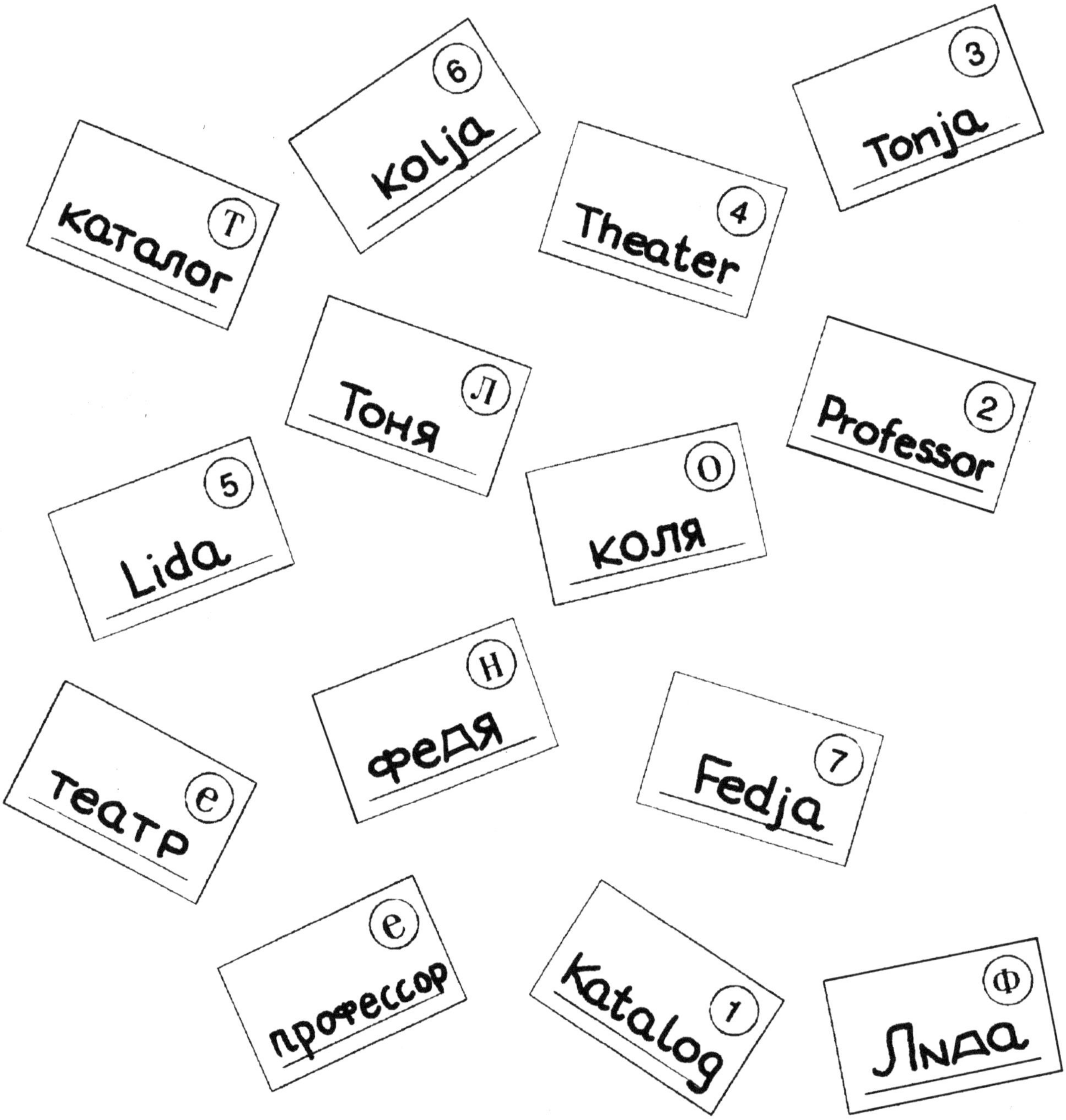

Lösungsfeld:

1	2	3	4	5	6	7

Das Fischlein antwortete: „Wenn du etwas willst, so sprich jedesmal dazu: „Auf des Fischleins Befehl, auf mein eigen Begehr: geschehe dies und das!" Der Dumme sprach es nach, und die Eimer gingen von selbst nach Haus.

Darauf warf Iwanko das goldene Fischlein ins Wasser zurück: Wahrscheinlich glaubte er's ihm, daß es alles zu tun vermöge. „Schwimm dahin und bleib gesund“, sagte Iwan, „aber gib acht und tu alles, was ich will!"

„Sei unbesorgt!“ antwortete das Fischlein schon aus dem Wasser heraus.

Am nächsten Tag schickten die Weiber den Dummkopf in den Wald Brennholz zu holen. „Aber mach flink!“ sagten sie. Gut. Iwanko zog den Schlitten hervor, hakte die Gabeldeichsel aus, schlug das Beil fest ein und rief: „Auf mein eigen Begehr, auf des Fischleins Befehl: Geh, Schlitten, von selbst!“ Schnell saß er auf und husch ging's in den Wald.

Dort gab er abermals seinen Befehl, und das Brennholz schlug sich von selbst in Stücke, lud sich auf, und der Schlitten fuhr von selbst nach Hause wie zuvor.

Iwanko mußte aber mit dem Brennholz auf dem Rückweg durch einen Flecken fahren, wo viele Leute auf dem Markt standen. Iwanko lenkte seinen Schlitten weder nach rechts, noch nach links, sondern sauste immer geradeaus! Da rannte er viele Leute um, die in der Menge standen und alle im Flecken staunten, was das für ein wunderbarer Schlitten sei, der ohne Pferd von selber ging, mit Brennholz und einem Burschen fuhr! Sie wollten ihn packen und festhalten, Iwanko aber verschwand im Nu samt dem Schlitten.

Am Tage nach dieser Begebenheit kamen Leute aus dem Flecken zu Iwanko. Der Dümmling saß auf dem Ofen und lachte. Sie fragten ihn, ob er derjenige sei, der mit seiner Holzlast die Leute zerquetscht habe? Er antwortete jedoch: „Nein!“ Da setzten sie ihm auf alle Weise zu. Iwanko aber wurde wütend und rief: „Auf mein eigen Begehr, und des Fischleins Befehl: Feuerhaken treib sie aus der Hütte!“ Und als der Feuerhaken anfing, die Leute zu prügeln und zu hauen, da stoben sie aus der Hütte, dieser durch die Tür, jener durchs Fenster.

Die Leute aus dem Flecken kehrten heim und schrieben eine Klage gegen Iwanko an den Zaren selbst: „Dort und dort ist ein Kerl, an den kann niemand heran, denn er versteht alle Zauberkünste.“

Der Zar schrieb zur Antwort: „Kauft einen Sack voll Zuckerwerk, geht damit zu ihm und bringt ihn mir her.“ Sie kauften das Zuckerwerk und brachten es dem Dümmling. Der nahm es an und ließ mit sich reden.

„Geh zum Zaren!“ sagten sie zu ihm. „Ohne Ofen geh ich nirgends hin!“ Was sollte man mit dem Dummen anfangen?

Sie schrieben wieder an den Zaren und fragten, ob Iwanko zu ihm auf dem Ofen fahren dürfe. Der Zar antwortete, daß er es ihm erlaube. Iwanko kaute an seinem Zuckerwerk, rief abermals den Befehl, den das Fischlein ihn gelehrt hatte, und fuhr mit dem Ofen zum Zaren.

Iwanko langte beim Zaren an. Der Zar trat hinaus zu ihm auf die Freitreppe. „Gut, daß du gekommen bist“, sagte er, „komm zu mir ins Zimmer.“

„Nein, allein ohne Ofen geh ich nicht!“ Der Zar schrie den Dümmling an und drohte ihm, aber der blieb bei dem Seinen: „Ohne Ofen geh ich nicht zu dir hinein! Willst du's nicht, so bin ich fort, eh du dich auch nur umschaust!“ Der Zar wußte nichts mit dem Dümmling anzufangen. Ob er wollte oder nicht, er öffnete alle Türen, und der Dummkopf fuhr mit seinem Ofen in die Zarengemächer hinein. Dort fand Iwanko gute Bewirtung, obwohl er vom Ofen nicht einmal herunterstieg! Alles reichte man ihm hinauf, am meisten aber vom Zuckerwerk des Zaren. Wieviel er davon auffraß, das war gar nicht zu zählen! Des Zaren Tochter war auch bei ihnen.

Ihr gefiel der Iwanko, und da sagte sie: „Verheirat mich mit ihm!“ Der Zar ward aber sehr zornig auf sie: Doch sie sprang zu Iwanko hinauf auf den Ofen, und nun konnte sie niemand mehr von dort herunterholen. Es war nichts zu machen, der Zar mußte sie verheiraten. Als die beiden aber ein Paar geworden waren, verschwand Iwankos Ofen.

Da befahl der Zar, ein großes Faß zu bauen, und als es fertig war, stieß er selber Iwanko und seine Tochter hinein.

Dann sprach er: „Hebt sie auf mitsamt dem Faß und werft sie ins Meer.“ Sie taten es und warfen das Faß ins Wasser.

Drei Jahre irrten Iwanko und seine Frau im Faß auf dem Meere umher. Dann stieß es ans Ufer, und Iwanko sagte wieder die Worte, die das Fischlein ihn gelehrt hatte: „Faß, fall auseinander!“ Das Faß zerbarst, und die beiden stiegen ans Ufer.

Dort waren aber keine Menschen, nur schön war es dort, wie im Paradiese. Und abermals sagte Iwanko sein Sprüchlein: „Ein Palast stehe da!“ Sogleich stand vor ihnen ein Palast, der war noch schöner als der des Zaren. Nur Bedienstete gab es dort nicht. In diesen Gemächern lebte nun Iwanko mit seiner Frau, der Zarentochter. Die Tiere und die Vögel brachten ihnen Speise und Trank, und die Bienen machten für sie aus Honig Zuckerwerk.

(Unwesentlich gekürzt, aus: Diederichs Märchen der Weltliteratur. Russische Volksmärchen übs. von August von Löwis of Menar, Eugen Diederichs Verlag, München)

Märchen verbinden die Menschen über Grenzen und Zeiten hinweg. Es ist hier nicht der Raum, um Motivsuche bei Märchen zu betreiben – nur so viel:

I n t e r k u l t u r e l l

Der dumme Iwan: Iwan, Iwan, Iwanko ist der russische Name für Johann oder Hans.
Der dumme Hans: Immer wieder ist im Märchen vom Dümmling (AyPák (durák)) die Rede. Ist es nicht so, daß er sich durch sein Verhalten die Lebenssituationen vergoldet? Ist er der Glückliche, also der glückliche Hans? Von daher ist es nur ein kleiner Schritt zum bekannten Märchen.
Hans im Glück: Und in der Tat begegnen wir hier im Märchenvergleich zwei gleichen – allerdings gegenläufigen Motiven:
Hans im Glück **verliert** (wertmäßig gesehen) seine Habe von Episode zu Episode.
Der dumme Iwan **gewinnt** von Episode zu Episode und lebt schließlich in einem Palast, „der war noch schöner als der des Zaren".

Aus den zahlreichen Möglichkeiten der unterrichtlichen Realisierung seien einige wenige herausgegriffen:

Zum Mitreden, Nachdenken und Vermuten
In einem **ersten oder zweiten Schülerjahrgang** empfiehlt sich das Märchen (im Sitzkreis) als reine Lehrer**erzählung** mit vom Pädagogen ausgesuchten Zäsuren zum Einbringen von Vorwissen, Vermutungen, Empfindungen, Vorschlägen der Schüler.
In den **Jahrgangsstufen 3 und 4** könnte das Märchen durch den Lehrer oder die Lehrerin z. B. bis Zeile 17: „. . . was für einen Nutzen wirst du mir denn bringen?" angelesen werden.
Je nach der konkreten Klassensituation **erzählen russische Aussiedlerkinder** das ihnen möglicherweise bekannte Märchen weiter. Ein daran sich anschließendes gemeinsames Lesen dient dann der Informationsbestätigung.
Vermutungen **aller** Kinder, wie das Fischlein von Nutzen sein könnte.

(Exkurs unter dem Aspekt weiterer Textsorten im Laufe des Schuljahres: Dazu bieten sich **Querverbindungen in der Leseerziehung,** z. B.:
Fabel: Der Löwe und die Maus – die zunächst vom Löwen belächelte Maus kann ihn später aus dem Netz befreien!
Märchen: Die drei Wünsche (J. P. Hebel): Über das sinnvolle Wünschen
Gemeinsames Erlesen des Märchens unter Beachtung relevanter facheigener und motivationaler Prinzipien

Informationsentnahme aus Sachbüchern und Befragen der russischen Mitschüler
z. B.

Iwan	Zar	Zuckerwerk

Das selbständige Herausarbeiten von Begriffen durch **Nachschlagen** oder **Befragungen** kann in Phasen Freien Arbeitens, in häuslicher Beschäftigung auch zur Erweiterung der **Karteikartensammlung** genützt werden.

Textsortenkenntnis und Textstellenbelegung
Woran erkennst du, daß es sich beim DUMMEN IWAN um ein Märchen handelt? Nenne Beispiele, und belege sie im Text:
z. B.:
- Es war einmal. . . (So beginnen die meisten Märchen . . . oft auch enden sie: „und wenn sie nicht gestorben sind. . .")
- Tiere können reden und Wünsche erfüllen. Auch in der Fabel können Tiere reden, aber sie machen nichts, was es in Wirklichkeit nicht gibt.
- Ein Ofen fährt oder ein Beil hackt Holz. Das gibt es im wirklichen Leben nicht. . .

Zum Nachspielen
Suche dir eine Szene mit der Gruppe heraus, und spiele sie in einem kleinen Theaterstück (geeignet vor allem für Phasen des Freien Arbeitens, die Vorviertelstunde, die häusliche Vorbereitung) vor.

Name:	Klasse:	Arbeitsblatt: **9**

Gute Reise, Ivanko !

Der dumme Iwan hat sein Faß mit Wörtern vollgeschrieben. Male die Wörterbretter mit **grüner Farbe** aus, die zum **Märchen des dummen Iwan** gehören. Male alle anderen Wörterbretter mit roter Farbe an. Die **roten Wörter** verraten dir **eine Tierfabel** und **ein deutsches Märchen**.

So heißt die Tierfabel: ______________________

So heißt das Märchen: ______________________

Kannst du diese beiden Geschichten erzählen?

UNSERE TRAUMREISE DURCH RUSSLAND

Realisiert wird sie durch leicht zugängliche Dias (Poster; möglicherweise durch das Betrachten von Bildern im Reiseprospekt . . .) aus Rußland. Die landeskundliche Intention begründet sich in der Vielfalt dieses riesigen Landes. Es soll damit auch dem Klischee begegnet werden, Rußland (GUS) bestünde nur aus Sümpfen und den so gefürchteten Schneestürmen (vgl. Seite 20).

Dieser **Traumreise durch Rußland im Klassenzimmer** liegt neben den interkulturellen Lernanregungen noch eine Reihe anderer didaktisch-methodischer Vorteile zugrunde – die wichtigsten:

- Verbalisieren,
  Anregung zum Sprechen, Beobachten, Vergleichen, Vermuten, Begründen. . .
- Einsatz von Erfahrungswissen der russischen Mitschüler und Informationsaustausch mit allen Kindern der Klasse
- Gezielte Bildbetrachtung auch unter dem Aspekt der Meditation und Empathie
- Sachorientierte Berichterstattung (nach Vorbereitung in der Freien Arbeit, in der häuslichen Weiterarbeit) zu einzelnen oder mehreren Bildern/Postern
- Modalitätenintegrative Vertiefung durch die Untermalung mit Musik

Gemeinsames Lernen im Interkulturellen Zusammenhang muß sich als überstrahlendes, schuljahrumspannendes Prinzip verstehen, das an verschiedensten didaktischen Orten zum Leben erweckt wird:
Wir betrachten, tauschen, ordnen Briefmarken aus Deutschland und aus Rußland,
schauen unsere Familienfotos an und erzählen uns gegenseitig,
schmücken unsere Wandkarte mit Bildern und Fotos.
Boris hat eine Balalaika mit in den Unterricht gebracht.
Nina erklärt uns, wie ein Samowar funktioniert.
Wir ergänzen unsere Karteikartensammlung mit Wissenswertem aus Rußland. Hättest du das gewußt?

KWAS	**SABANTUI**
Das ist ein uraltes russisches Erfrischungsgetränk. Es wird aus Schwarzbrotrinde, Hefe, Zucker und Rosinen hergestellt. In Rußland wird es auch auf der Straße verkauft – und zwar aus weißen Tankwagen.	Bei Kazan an der Wolga finden Ende Juni Ringerwettkämpfe nach Art der alten Tartaren statt. Der Sieger erhält als Preis einen lebendigen Hammel. Der Wettbewerb endet mit wagemutigen Reiterspielen.

Nur auf diesem Hintergrund sollte der Lehrer oder die Lehrerin Arbeitsblätter wie das folgende gestalten. Interkulturelle Verknüpfungspunkte dürfen sich nicht zum Kreuzworträtselwissen verkürzen. Sie müssen Ausgangspunkt für gemeinsames Lernen und Handeln sein, das geeignet ist, gegenseitige Toleranz durch Wissen und Verstehen zu schaffen.

Malerisches Gebäude in Irkutsk

Markt in Samarkand

Die je durch den Lehrer oder die Lehrerin zusammengestellte „Rußlandreise“ im Klassenzimmer erlaubt im Anschluß daran weitergehende handlungsorientierte Vorgehensweisen:
Wir finden heraus, wo sich die gezeigten Orte befinden.
Wir kennzeichnen die Reiseorte auf unserer Karte mit Stecknadeln und verbinden sie mit einem Wollfaden. Dann können wir unsere Reiseroute sehen.
Eine Fahrt im Rußland-Express: Wir planen auf der Karte unsere eigene Reiseroute und finden Bilder, Musik, Gegenstände dazu. Die **russischen Mitschüler** helfen uns dabei.

Bilder auf S. 31:

1 = Höhlenkloster in Kiew
2 = Trachten und Tanzgruppe aus Rußland
3 = Junge Bäuerin aus Rostow
4 = Das weltberühmte Kaufhaus GUM in Moskau
5 = Jalta am Schwarzen Meer
6 = Die wunderschöne Basilius-Kathedrale in Moskau

(Alle Bilder dieses Kapitels mit freundlicher Genehmigung von DERTOUR. DER Deutsches Reisebüro: GUS Rußland Baltikum Ukraine 1993.
Deutsches Reisebüro GmbH, Emil-von-Behring-Str. 6, 6000 Frankfurt am Main 50, Tel.: (069) 9588-00

1

2

4

6

3

5

Name: ______________________________	Klasse: ______________	Arbeitsblatt: **10**

Kennst du dich aus ?

Was gehört zu Rußland? Male die entsprechenden Punkte bei den Gegenständen aus.

Woher kommen die anderen Gegenstände?

Sprich dich auch mit deinen russischen Mitschülern ab.

Bringe durch Nachschlagen in Sachbüchern und durch Befragen deiner russischen Mitschüler mehr über einen oder mehrere Gegenstände in Erfahrung!

Bearbeite einige Beispiele für unsere Karteikartensammlung.

Sind Beispiele dabei, die sich besonders gut vergleichen lassen?

Gebetsteppich Türk. Hofmanufaktur, 16.Jh.

Passau, Dom

Japanische Puppe (um 1900)

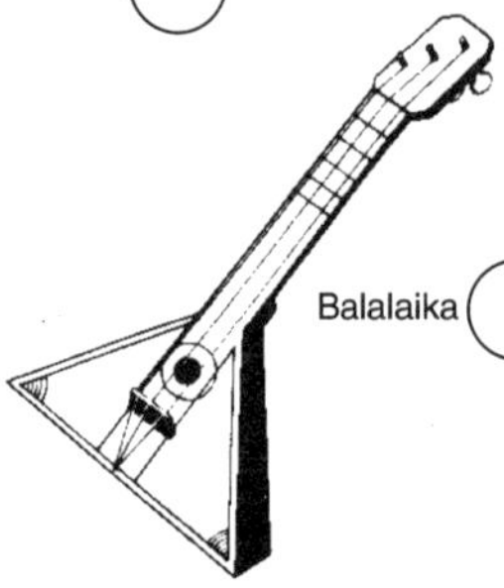

Balalaika

Mädchen aus der Ukraine

Fes (Albanien)

Paar aus dem Schwarzwald

Samarkant, 1910

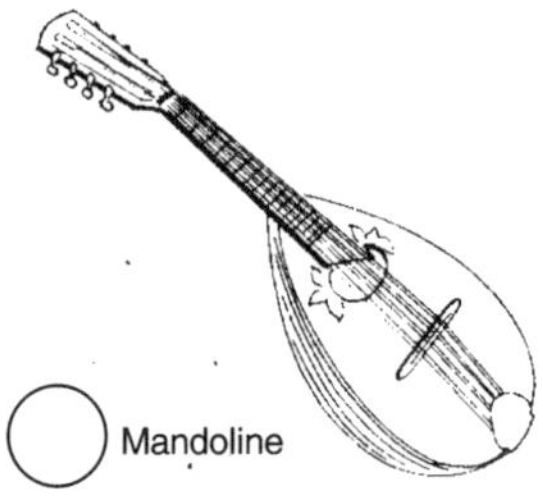

Mandoline

Matroschka (Schachtelpuppe)

Iwan tanzt den Kasatschok

Der Lehrer oder die Lehrerin wird das Lied entsprechend den gängigen didaktisch-methodischen Prinzipien der Liederarbeitung angehen.
Unter dem Aspekt des Interkulturellen Lernens kann die Textarbeit **zusätzlich** sehr reizvoll zur Erweiterung der klassenspezifischen „Russischkenntnisse" genützt werden. Erfahrungsgemäß machen die Kinder dabei begeistert mit – vor allem dann, wenn sie bereits auf altersadäquaten (interkulturellen) Vorkenntnissen aufbauen können:

Kasatschok

(T und M: aus Rußland Deutscher Text: Kai Schwindt
Aus: H. Schwindt. Das große Gitarren-ABC, Bd. 3., Edition Walter Wild, Zürich)

Begriffe für unsere Kartei
(zum Nachschlagen im Sachbuch oder zum Befragen unserer russischen Mitschüler):

Kasatschok | Balalaika | Troika

Auf der Rückseite der Karteikarten tragen wir entsprechende Dinge aus Deutschland ein und erklären sie.

Schuhplattler | Zither | Dreispänner

Wörter für unser Wörterkennlernspiel

Ras	раз	einmal
dwa	два	zwei
tri	три	drei
Iwan	Иван	Hans

III. Kinder aus Rumänien

Kulinarisches aus Rumänien

Neben einer ganzen Reihe von spezifisch rumänischen Speisen seien genannt:

✻ **Sarmale** – Krautwickel

✻ **Ciorba cu perişuare** – eine angesäuerte Gemüsesuppe mit Fleischklößchen

✻ **Mămăligă** – Maisbrei

Der Maisbrei soll als Rezept geschrieben werden, wobei sich Interkulturelles Lernen und die Durchführung sachgemäßer Arbeitsweisen der Grundschule gut miteinander verbinden lassen. Die Schüler bekommen einen Text, in dem der Maisbrei selbst erzählt. Den Kindern macht es erfahrungsgemäß großen Spaß, in diesem lustigen Text nach sachlichen Informationen zu suchen. Die brauchen sie zur Erstellung des Rezepts (vgl. Arbeitsblatt), da unter den angebotenen Sätzen nur je einer richtig ist. Interkulturelle Erfahrungen, Textvergleich, Informationsentnahme und Textproduktion können somit als Lernziele verwirklicht werden.

Schülertext (als Arbeitsvorlage oder als OHP-Folie):

Ich bin mămăligă, der Maisbrei

Huch wie ich mich freue! Zuerst bin ich geriebenes Maismehl. Schwupp - geht´s ab in kochendes Salzwasser, wo ich eingekocht werde. Das bin ich schon gewöhnt. Ständig werde ich nun vom Koch oder von der Köchin umgerührt, damit ich nicht am Topfboden anbrenne.
Das ist verständlich - oder?
So allmählich quille ich auf und vermische mich mit dem Wasser.
Das ist vielleicht eine Arbeit!
Damit ich mich nicht so einsam fühle, werde ich mit tocănită, einer Art Gulasch, auf den Teller gebracht. Manchmal ißt man mich auch zusammen mit Rahm und Quark.
Also dann: Poftă bună - guten Appetit!

Sagen aus Rumänien und Deutschland

Stefan der Große und die Frau aus Vrancea (Stefan cel mare si Vrîncioaia)

Es war einmal eine alte Witwe, und sie hatte sieben Söhne. . . So beginnen die Bewohner der Vrancea eine bekannte Sage.

Als die Alte einmal gegen die Abenddämmerung auf dem bedeckten Flur des Bauernhauses saß und spann, erschrickt sie durch Pferdegetrampel, das vom Hügel herabkommt. Ein Reiter bleibt vor ihr stehen. Er ist erschöpft, und das Pferd ist abgehetzt.

„Ich bin Stefan. Feinde sind in unser Land eingebrochen. Ich komme vom Schlachtfeld. Mein Heer ist vernichtet. Ich bin allein."

„Ich habe sieben Söhne. Sie sind schön und tapfer, und ich liebe sie wie mein Augenlicht. Sie gehören Dir, Herrscher!"

Im Morgengrauen bliesen die sieben Burschen ihre Alphörner von den Bergen der Moldau. Aus den Wäldern kamen unzählige Bergbewohner. Wie aus der Erde war ein neues Heer gewachsen.

Der Herr zog mit ihnen in den Kampf gegen die Feinde. Diese glaubten schon, das Land zu besitzen. Da sah Stefan, wozu die Söhne der Alten aus Vrancea imstande waren.

Siegreich kehrte der Wojwode in sein Adlernest, die Festung von Neamţ, zurück. Er ließ die sieben Tapferen zu sich kommen und sagte: „ Ihr seid sieben Brüder. Im Gebiet Vrancea sind sieben Berge. Sie sollen euch gehören. Ihr, eure Kinder und Kindeskinder sollen sie in Frieden besitzen."

(Unbekannter Verfasser)

Wie die Rott zu ihrem Namen kam

Vor mehreren Jahrhunderten brachen die räuberischen Ungarn öfters in Bayern ein und verwüsteten viele Klöster und wohlhabende Orte. Namentlich die Bevölkerung des alten, fruchtgesegneten Rot(ach)gaues im Inngebiete litt schwer unter diesen Einfällen. Von äußerster Not gedrängt, sammelten sich einmal die Anwohner am Flusse und lauerten einer Horde der Barbaren auf. In hartem Kampfe erschlugen sie Scharen von Ungarn und warfen die Leichname in den Fluß. Von dem Blute der Erschlagenen wurde das Wasser ganz rot. Von nun an hieß das Flüßlein die Rott.

(Unbekannter Verfasser)

Unterrichtliche Hinweise und Anregungen

Zur Sage

Sie ist eine volksgeläufige, zunächst mündliche Erzählung objektiv unwahren, phantasiegeborenen Inhalts, aber als wahre Begebenheit berichtet. Sie handelt von Göttern, Elfen, Menschen mit übernatürli-

Name:	Klasse:	Arbeitsblatt: **11**

Mămăligă - Maisbrei

Jeweils ein Satz ist richtig. Suche dir die richtigen Sätze heraus,

und schreibe damit das Rezept für Maisbrei.

- Maiskörner werden in lauwarmem Wasser aufgeweicht.
- Gesiebtes Maismehl wird in kochendes Salzwasser geschüttet.
- Man muß die Masse umrühren, damit sie nicht am Topfboden anbrennt.
- Das Maismehl läßt man eine halbe Stunde ziehen.
- Das Maismehl quillt auf und vermischt sich mit dem Wasser.
- Das Wasser muß abgeschöpft werden.
- Den Maisbrei ißt man am besten mit heißen Früchten.
- Den Maisbrei reicht man mit Gulasch oder mit Rahm und Quark.

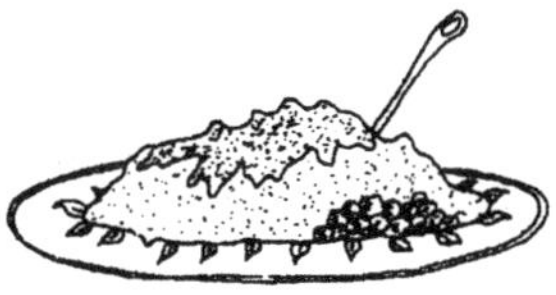

Das Rezept für Maisbrei:

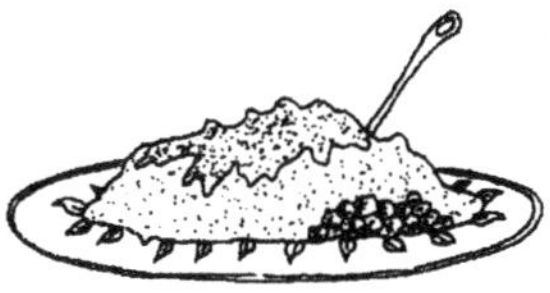

Name:	Klasse:	Arbeitsblatt: **12**

Rumänische und deutsche Namen

Viele deutsche und rumänische Namen sind einander ähnlich.

Hallo, ich heiße:

GRIGORE

PETRE

MARIUCA

JOANA

PAVEL

GHEORGHE

Hier haben sich die deutschen Namen versteckt.

Finde sie heraus, und trage sie oben in die Kästchen ein!

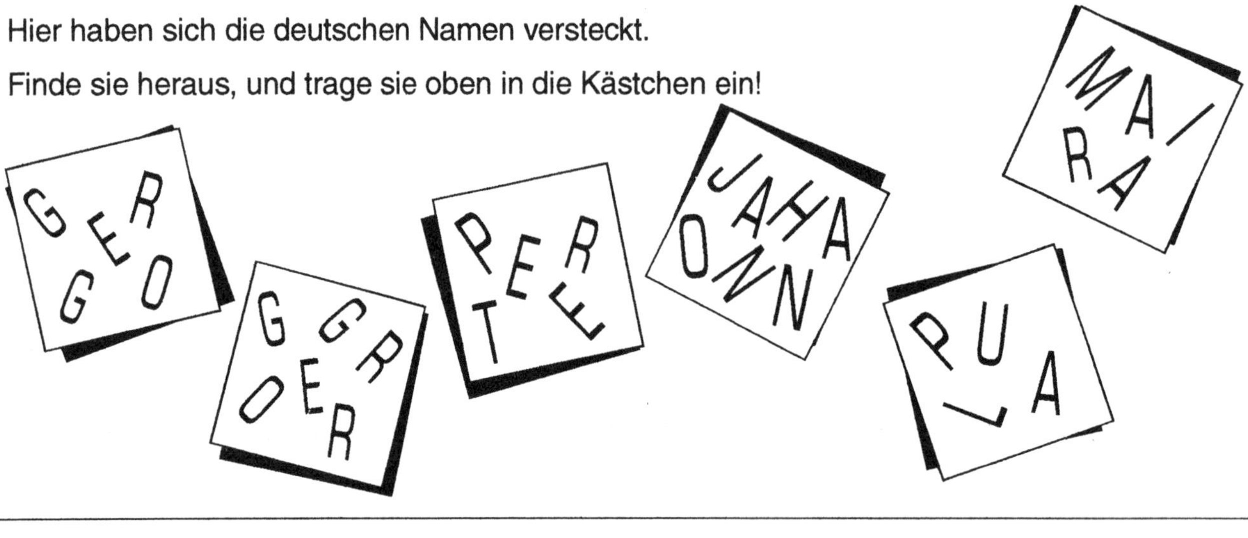

chen Kräften, Heiligen (Legenden!), Helden oder geschichtlichen Ereignissen. Die Sage enthält aber immer einen wahren Kern.
Das läßt sich bei den beiden Sagen vor allem auch grundschulgemäß geographisch und historisch belegen. Die Schüler werden bei der Textarbeit zu genauem, informationsentnehmendem und informationsverarbeitendem Lesen angehalten.
Inhaltlich gemeinsam ist beiden Sagen, daß Krieg, Schlacht und Feind thematisiert werden. Umso mehr rechtfertigt sich **Interkulturelle Erziehung,** die dem Frieden zwischen den Völkern das Wort redet.
Was an beiden Sagen stimmt und nachweisbar ist:

Die genannten Orte und Gebiete (zu erkunden im Heimatatlas, auf der Europakarte, durch Informationen von MitschülerInnen aus Rumänien und deren Eltern, als OHP-Folie):

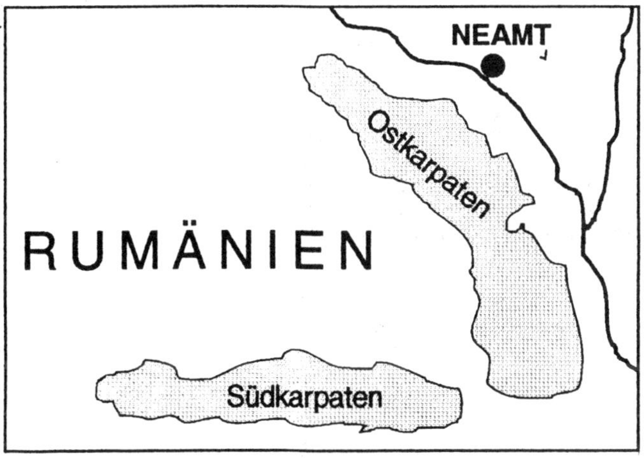

Vrancea ist das Gebiet, wo die Ostkarpaten und Südkarpaten zusammentreffen.

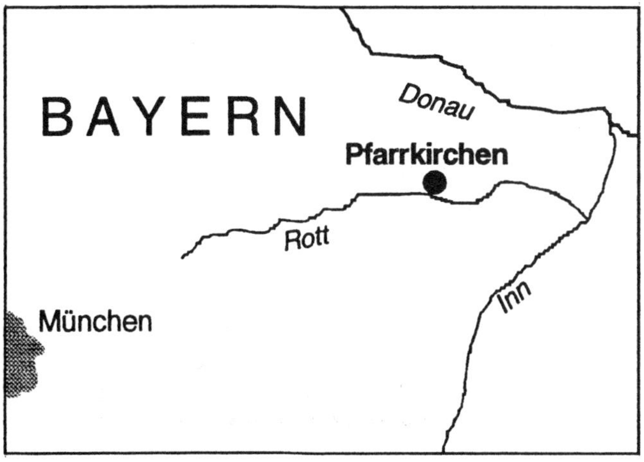

Die Rott ist einer von mehreren Flüssen, die in den Inn münden. Die Quelle der Rott ist nicht weit von der bayerischen Landeshauptstadt München entfernt.

Die genannten Personen und Geschehnisse (als Lehrererzählung, als geschichtliche Quelle, als Information aus Sachbüchern, für die Karteikartenarbeit):

Überfälle der Ungarn gab es immer wieder. Am bekanntesten ist die **Ungarnschlacht auf dem Lechfeld:** *„Die Ungarn kommen!"* Diese Schreckensnachricht versetzte die Augsburger Bevölkerung **im Sommer des Jahres 955** in große Angst. Das wilde heidnische Reitervolk hatte in **bayrischen Landen** gewütet und große Verwüstungen angerichtet. Jetzt überschritten die ungarischen Horden den **Lech** und zogen bis an die **Iller.**

Über die Ungarn:
Die Ungarn, fast 1000 Kilometer von hier beheimatet, waren damals nicht seßhaft. Gewaltsam versorgten sie sich durch Raubzüge in die benachbarten Länder mit Nahrung und Beute. Die kleinen, gelbhäutigen und schwarzhaarigen Reiter auf ihren flinken Pferden verwüsteten dabei Felder, plünderten Höfe und Häuser, Kirchen und Klöster und steckten sie in Brand. Alles Wertvolle, insbesondere auch Vieh, schleppten sie weg, Frauen und Kinder sogar in die Sklaverei. So lebte die Bevölkerung in ständiger Unsicherheit und Sorge, Angst und Furcht.

Stefan der Große und Neamț
In der Sage kehrte Stefan zur **Festung** von Neamt (spricht aus: Neamts) zurück. Diese Festung gibt es wirklich. Es gibt auch die **Stadt Neamț.** Sie heißt im vollen Namen **Piatra Neamț.** Sie wird von den drei Bergen Cozla, Pietricia und Cernegura umgeben und ist eine der schönsten Gebirgsstädte von Rumänien. Dort hat Stefan der Große im 15. Jahrhundert eine schöne Kirche gebaut. Es gibt auch noch das **Kloster Neamț,** das eines der ältesten Klöster des Moldaugebietes ist. Auch hier ließ Stefan der Große eine neue Kirche bauen – und zwar nach einem schrecklichen Erdbeben im Jahre 1471.

(Quelle: Detter, A./Preißinger, I.: Augsburg, meine Stadt. Perlach Verlag der Buchdruckerei Joh. Walch, Augsburg, 1980, 30)

Name:	Klasse:	Arbeitsblatt: **13**

Kennst du dich aus bei Sagen ?

Schreibe in die Kästchen mit großen Druckbuchstaben. Die Buchstaben aus den Kästchen 1, 2, 3 und 4 überträgst du in den Lösungskasten !

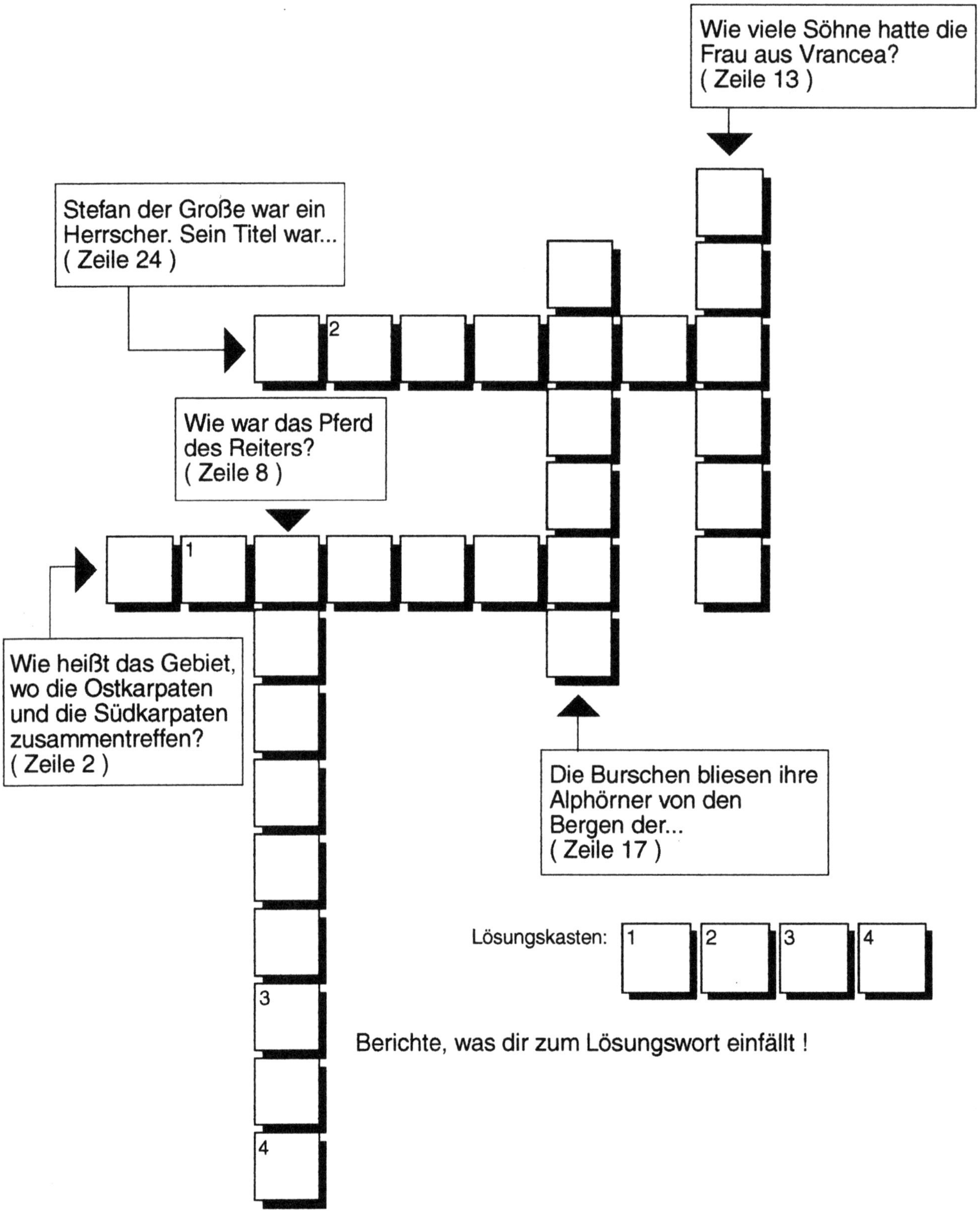

Lösungskasten: 1 2 3 4

Berichte, was dir zum Lösungswort einfällt !

Im Anschluß an die Karteikartenarbeit, damit im Zusammenhang oder auch ganz getrennt davon, kann das Arbeitsblatt 13 angeboten werden. Es bezieht sich auf die **beiden erarbeiteten Sagen** und gewichtet auf die **facheigene Arbeitsweise** der Textstellenbelegung.
Die stärkeren Schüler können das Rätsel frei ausfüllen. Schwächere Schüler sehen (vor allem auch wegen der Rechtschreibung) im Text nach. In den Kästen (vgl. AB) sind die Zeilen des Textes angegeben. Bei richtiger Lösung des Rätsels ergibt sich das Lösungswort ROTT, das als weiterer Anreiz zum Erzählen der bayerischen Sage geeignet ist.

Aus dem Jahreskreis

Vine, vine primăvara
– Es kommt, es kommt der Frühling

Rumänischer Text und Melodie: Volksgut

1. Strophe (übersetzt):

Es kommt, es kommt der Frühling;
Und er verstreut im ganzen Land
Blümchen auf den Feldern.
Los, Kinder! Pflücken wir sie!

2. Strophe

Creste, creste iarba verde.	*Es wächst, es wächst das grüne Gras.*
Ciocirlia-n cring se vede	*Man erblickt die Lerche im Gehölz.*
si-al ei cintec prin cimpii.	*Ihr Lied schallt über die Felder.*
Hai, sa – l ascultam copii!	*Los, Kinder! Hören wir es!*

Unterrichtliche Möglichkeiten:

- Vorsingen des Liedes durch rumänische Mitschüler/innen
- Gemeinsames Singen: Rumänische Kinder singen den Text, die anderen Kinder der Klasse summen mit.
- Reflexion des deutschen Textes unter dem Aspekt
  – des Weiterführenden Lesens (Leseunterricht)
  – des Sachunterrichts
- Erfinden weiterer Strophen (je nach Zielsetzung unter mehr literarischem (Textproduktion) oder sachkundlichem (Frühlingsblüher: das erwachende Frühjahr) Schwerpunkt, z. B.:

> Wir seh'n, wir seh'n den Frühling.
> Die ersten Boten blüh'n.
> Schlüsselblume, Märzenbecher –
> Kinder, oh wie schön!

> Wir woll'n, wir woll'n den Frühling.
> Die schönsten Blumen blüh'n.
> Tulpen und Narzissen –
> Kinder, laßt sie steh'n!

- Măriuca und Constantin sagen uns, wie die Blumen in rumänischer Sprache heißen.
- Bildnerisches Gestalten der einzelnen Strophen

O, ce veste minunată
– Oh, welch wunderbare Kunde!

Zu Weihnachten und Neujahr ziehen Gruppen von Kindern, Jugendlichen oder auch Jungvermählten von Haus zu Haus und singen sogenannte „colinzi" (Singular – colinda). (Colinda ist ein Weihnachtslied, doch sind die Lieder sakralen Inhalts bis zur Revolution im Jahre 1989 verboten gewesen.) Bekannter waren die Umzüge am Vorabend des Neujahrstages. Dort werden Bitten um Fruchtbarkeit für das kommende Jahre ausgesprochen.
Eines der schönsten Weihnachtslieder, das die Jahre des Verbots überdauert hat, ist „O, ce veste minunată". Die Beliebtheit dieses Liedes ist vergleichbar mit der unseres schönsten Weihnachtsliedes: Stille Nacht, heilige Nacht.
Hier 2 Strophen dieses Weihnachtsliedes:

O, ce vesta minunată?	**Oh, welch wunderbare Kunde!**
O, ce vesta minumată?	Oh, welch wunderbare Kunde!
In **Islaim** se arată.	Tut sich in **Jerusalem** kund.
Cerul strălucea	Der Himmel leuchtete,
îngerii veneau	Die Engel kamen
Pe-o rază curată.	auf einem reinen Strahl.
Mergînd **Josip cu Maria**	Als **Joseph mit Maria** ging,
In **Islaim** să se-nscrie	Um sich in **Jerusalem** einschreiben zu lassen,
Intr-un mic salaş	Wurde in einer kleinen Unterkunft
Lîng-acel oraş	Neben dieser Stadt
s-a nascut **Mesia.**	Der **Messias** geboren.

(Rumänischer Text: Volksgut)

Neben dem Singen des Liedes durch rumänische Kinder und dem Vergleich mit dem Weihnachtslied „Stille Nacht, heilige Nacht“ stellen zwei Aspekte Interkulturelles Lernen effektiv in den Vordergrund:

- **der grundschulgemäße sprachliche Vergleich:**
  Die Schüler **vergleichen** die unterstrichenen Wörter, **erkennen** ihre Ähnlichkeit und **sprechen** darüber.
- **Die glaubenshistorische Grundlage:**
  Die Schüler erkennen in den deutschen Strophen **Ähnlichkeiten** mit Krippenerzählungen oder Krippenspielen und vergleichen den Textinhalt mit dem **historischen Wissen** aus dem Deutsch- und Religionsunterricht.

Das Jahr und seine Monate

Kirchliche Feste, religiöses und profanes Brauchtum, der Wechsel der Jahreszeiten u.a.m. werden durch die verschiedenen Monate des Jahres verkörpert. Dazu zählen vor allem auch persönliche Erlebnisse und Erwartungen des Grundschülers.

So kann auch das folgende Arbeitsblatt, daß die sprachliche Nähe zwischen **rumänischen und deutschen Monatsnamen** und den „Lieblingsmonat“ des konkreten Schülers in den Mittelpunkt stellt, zu einer Festigung kindgemäßer Zeitrhythmisierung beitragen.

Die Begriffe unter Aufgabe 2 des Arbeitsblattes bieten reichlich Anlaß zum Erzählen – vor allem im Interkulturellen Vergleich.

Lösung zum AB „Măriora und Petre wünschen uns einen guten Tag“

Name:	Klasse:	Arbeitsblatt: **14**

Die Monate des Jahres

1 So sagt Mariuca zu den Monaten des Jahres. Hilf ihr, und schreibe zu den **rumänischen** Monatsnamen die **deutsche** Bezeichnung.

aprilie	septembrie	ianuarie	octombrie	iunie	decembrie

Ich zeichne den Monat ______________:

mai	februarie	iulie	august	martie	noiembrie

2 Welcher Begriff gehört zu welchem Monat? Verbinde miteinander!

Januar	1		Ostern
Februar	2		Erntedank
März	3		Herbstanfang
April	4		Beginn des neuen Jahres
Mai	5		Fasching/Karneval
Juni	6		Heuernte
Juli	7		Frühlingsanfang
August	8		Weihnachten
September	9		Allerheiligen
Oktober	10		Pfingsten
November	11		Hitzefrei
Dezember	12		Beginn der Sommerferien

3 Zeichne in den oberen freien Kasten ein Bild von deinem Lieblingsmonat!

Name:	Klasse:	Arbeitsblatt: 15

Mǎriora und Petre wünschen uns einen guten Tag

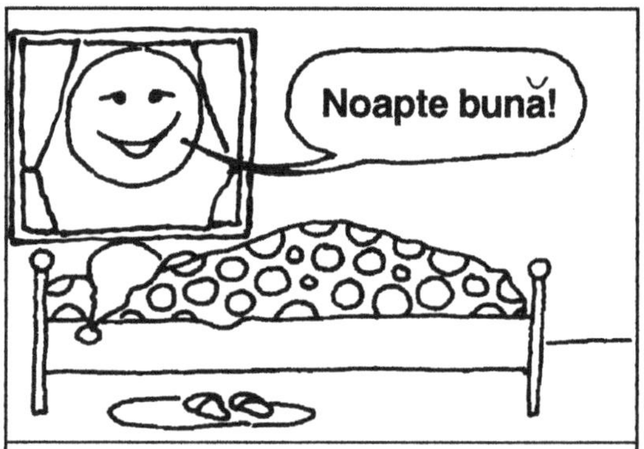

Guten Tag!

Gute Nacht!

Guten Morgen!

Auf Wiedersehen!

Guten Abend!

Schreibe die deutsche Bedeutung in die richtigen Kästchen.

Begründe, warum du dich **so** entschieden hast!

Laß dir die Grüße vorsprechen, und sprich sie nach!

Wenn du willst, dann male die Bilder farbig aus!

IV. Kinder aus Vietnam

Ten Tsien

Ten Tsien ist ein Mädchen aus Vietnam. Sie hat glatte schwarze Haare und dunkle Augen. Wenn sie lacht, sind die Augen ganz klein. Aber sie lacht nicht oft.
Sie hat wenig Spielkameraden. Ich treffe sie immer am Sandkasten, und wir spielen miteinander. Sie hat einen Hubschrauber mit Batterie. Manchmal leiht sie ihn mir. Ihre Mama hat auch ganz schmale Augen.
Ten Tsien spricht sehr wenig. Gestern wollte sie mir etwas erzählen. Aber plötzlich ist sie steckengeblieben und zu ihrer Mama gelaufen und hat geweint. Ich habe ihre Mama gefragt, was sie hat. Sie sagte, sie erzählt es mir ein ander Mal.
Heute hab ich ihre Mama wieder gefragt, ob sie mir jetzt erzählt, was sie versprochen hat. Sie wollte nicht gerade gern, aber dann hat sie doch angefangen.
In Vietnam ist ein langer und schrecklicher Krieg gewesen. Einmal, als sie mit der Familie in der Hütte waren, ist eine Bombe durch das Dach gefallen. Der Vater von Ten Tsien wurde getötet. Ten Tsien war so erschrocken, daß sie nicht mehr sprechen konnte. Am Anfang hat sie drei Tage lang nur gesungen. Auch nach der Flucht hat sie die Sprache nicht wiedergefunden. Jetzt fällt es ihr immer noch schwer, in zusammenhängenden Sätzen zu reden. Sie spricht nur einzelne Worte, und manchmal hört sie mitten im Satz auf und kann nicht mehr weiter.
Niemand weiß, ob sie je wieder richtig sprechen kann. Ich gehe hin zu Ten Tsien und spiele mit ihr. Manchmal streichle ich sie ein bißchen über ihre glatten schwarzen Haare. Dann lacht sie, ihre Augen werden schmal, und sie zieht den Kopf auf die Schultern herunter.
„Du mußt keine Angst haben, Ten Tsien", sage ich. „Bei uns sind keine Kriege mehr, und Bomben fallen schon gar nicht."
Ten Tsien sagt nichts, und wir spielen mit dem Hubschrauber. Wenn ich fortgehe am Nachmittag, winkt sie mit der Hand, bis ich sie nicht mehr sehe.

Kurt Hock

(Quelle: Hock, Kurt: Telat sucht den Regenbogen. Verlag Herder. Freiburg i. B., 1978)

Das Syndrom
Ten Tsien lacht nicht oft. Ten Tsien spricht sehr wenig. Sie spricht nur einzelne Worte und manchmal hört sie mitten im Satz auf und kann nicht mehr weiter. Traumatische Erlebnisse eines Kindes im Krieg, der als zweiter Indochina-Krieg in die Geschichte einging. Im Westen hieß er **Vietnamkrieg,** und in Vietnam selbst sagte man **amerikanischer Krieg** dazu. Verlierer sind immer die Menschen – die Kinder in doppelter und dreifacher Hinsicht. Und wenn man an der Aktualität des Lesestückes von Kurt Hock die geringsten Zweifel hegen sollte, dann schlage man eine beliebige Tageszeitung an beliebiger Stelle auf. Wie sich Inhalte und (innere) Bilder gleichen:

Völlig verloren stehen die beiden libanesischen Geschwister in den Trümmern ihres Hauses in Choukine bei Tyrus. Bild: dpa

Im Südlibanon herrscht wieder Ruhe

Tel Aviv (dpa). Nach dem Ende der israelischen Offensive im Südlibanon herrschte dort und im Norden Israels am Sonntag zum ersten Mal seit einer Woche wieder Ruhe. ***(S. Hintergrund.)***

Tausende Libanesen kehrten in die sieben Tage lang von der israelischen Armee bombardierte Region zurück. Viele fanden jedoch nur noch Trümmer auf ihrem Grund und Boden vor, einige Dörfer sind vollständig zerstört. Die von US-Außenminister Christopher vermittelte Waffenruhe trat am Samstag um 18 Uhr Ortszeit in Kraft. Israels Ministerpräsident Rabin wertete die „Operation Abrechnung" als Erfolg. Die Vereinbarung sieht vor, daß Syrien den über seine Hauptstadt Damaskus laufenden Nachschub der Hisbollah stoppt. Gleichzeitig versprach die Regierung in Beirut, die Attacken der Hisbollah von libanesischem Gebiet aus zu unterbinden.

Augsburger Allgemeine vom 2. 8. 1993

Ein möglicher unterrichtlicher Zugang:
- Lehrervortrag bis Zeile 18: „. . . aber dann hat sie doch angefangen" bzw. Textteilübergabe an den Schüler
- Die Beschreibung des Verhaltens von Ten Tsien durch die Schüler und Vermutungen darüber, was Ten Tsiens Mama erzählen wird

Die Diagnose
- Lehrervortrag Zeile 19 mit 42" . . . In Vietnam . . . bis ich sie nicht mehr sehe" bzw. gemeinsames lautes Erlesen

Eine Bombe ist durch das Dach der Hütte gefallen. Der Vater von Ten Tsien wurde getötet. Noch vor wenigen Jahre wären diese Sätze aus lernpsychologischen und wahrnehmungspsychologischen Gründen am Grundschüler vorbeigeglitten.
Heute sitzen Kinder von Bürgerkriegsflüchtlingen aus dem ehemaligen Jugoslawien vorübergehend in unseren Klassen, weil wir den Krieg vor der Haustüre haben. Dragon weiß, was Bomben anrichten. Auch er hat seinen Vater verloren – vor ein paar Wochen und ein paar Autostunden von hier!
Und sage keiner, Kinder in der Grundschule könnten die Schrecken des Krieges nicht erfassen!

Die Therapie – wenn es denn eine gibt:
„Ich gehe hin zu Ten Tsien und spiele mit ihr. Manchmal streichle ich sie ein bißchen über ihre glatten schwarzen Haare. Dann lacht sie, ihre Augen werden schmal, und sie zieht den Kopf auf die Schul-

tern herunter. „Du mußt keine Angst haben, Ten Tsien", sage ich. „Bei uns sind keine Kriege mehr, und Bomben fallen schon gar nicht!"
Wenn ich fortgehe am Nachmittag, winkt sie mit der Hand, bis ich sie nicht mehr sehe."

Oder:

FRIEDE

„Bloß keinen Zank und keinen Streit!"
Das heißt ganz einfach: Friede
oder:
„Du komm,
laß uns
zusammen spielen,
zusammen sprechen,
zusammen singen,
zusammen essen,
zusammen trinken
und zusammen
leben,
damit wir leben."

Josef Reding

(Quelle: „Gutentagtexte", Engelbert-Verlag, Gebr. Zimmermann GmbH, Balve/Sauerland, 1975²)

Su' tích bánh dày bánh chu'ng

Eine vietnamesische Geschichte von den Kuchen dày und chu'ng

König Hung der Sechzehnte hatte zwanzig Söhne, von denen viele gleich klug und begabt waren. Der König konnte daher nicht entscheiden, wer von ihnen am würdigsten sei, seinen Thron zu übernehmen.

Eines Tages zog der König seine Hofbeamten zu Rate. Daraufhin ließ er seine Söhne rufen und sprach zu ihnen: „Derjenige von euch, der mir eine Speise bringt, die außergewöhnlich und wohlschmeckend ist und zugleich die bedeutungsvollste Opfergabe für die Messe für Himmel und Erde und die Ahnenmesse darstellt, wird als mein Nachfolger den Thron besteigen."

So begannen die Söhne, Boten auszusenden, die von überall her die seltensten und teuersten Delikatessen und die besten Köche herbeibringen sollten. Nur Lang Lieu, der achtzehnte Sohn, bei weitem nicht so vermögend wie seine Brüder, hatte noch nichts gefunden, um den Wunsch des Vaters zu erfüllen.

Der Festtag nahte, die Frist war bald verstrichen, und Lang Lieu grübelte immer noch bis spät in die Nacht. Als er eines Nachts vor sich hinträumte, erschien ein weißhaariger Greis mit einem Bambusstock und sprach zu ihm: „Ich bin der Erdgott. Deine aufrichtige Liebe zu deinen Eltern hat mich gerührt und darum will ich dir helfen. Du sollst dir nicht weiter den Kopf zerbrechen und in der Ferne suchen. Reis ist das kostbarste Nahrungsmittel. Stelle aus Klebreis einen runden Kuchen als Symbol für den Himmel, und einen viereckigen Kuchen als Symbol für die Erde her. Wenn du den Klebreis gut gar kochst und fein zerdrückst, dann kannst du daraus den runden Kuchen formen, der weiß und zart ist und den Himmel bedeutet. Der viereckige Kuchen, der die Erde darstellen soll, muß Fleisch und grüne Bohnen, Symbole für Tiere und Pflanzen, als Füllung enthalten. In frische Bananenblätter eingewickelt und gekocht, nimmt er die Farbe der Blätter an und stellt somit zugleich grüne Reisfelder dar."

Lang Lieu befolgte den Rat des Erdgottes und machte sich ans Werk. Er mußte die ganze Nacht hindurch arbeiten, um die Kuchen rechtzeitig zum Festtag fertig zu haben.

Nachdem Lang Lieu die Bedeutung der Kuchen erklärt hatte, kosteten der König und die Hofbeamten die beiden Speisen. Zwar waren sie nur aus gewöhnlichem Nahrungsmittel bereitet, doch sie schmeckten vorzüglicher als all die raren und teuren Delikatessen. Der König und die Hofbeamten zeigten sich über die Kuchen sehr zufrieden. Und als Lang Lieu dem König von seinem Traum erzählte, war der König umso zufriedener. Er wählte Lang Lieu zu seinem Nachfolger und gab dem runden Kuchen den Namen dày und dem viereckigen den Namen chu'ng.

Seitdem stellt man in Vietnam heute noch zu besonderen Anlässen wie Neujahrsfest, Volksfesten, Hochzeiten, Bestattungszeremonien usw. diese Reiskuchen her. Sie dienen als Opfergabe für Ahnenmessen und Geschenke für Freunde und Verwandte. Gewöhnlich beteiligt sich die ganze Familie an der Vorbereitung und arbeitet die ganze Nacht hindurch, wie einst Lang Lieu.

(aus: Deutsche und vietnamesische Märchen – Truyên cô ti'ch Viêt và Dú'c. Herausgegeben vom Deutschen Roten Kreuz. Generalsekretariat, Referat 24. Friedrich-Ebert-Allee 71, 53113 Bonn)

Das Märchen von den Kuchen dày und chu'ng eröffnet durch seinen Inhalt (Sprache, Feste, Speisen) eine reichhaltige Palette interkulturellen Zugriffs. Derartige Möglichkeiten wird der Kollege/die Kollegin vor Ort im sequentiellen Rahmen mal sporadischer, mal vertiefter aufgreifen. So verstehen sich die folgenden Hinweise als **Unterrichtsrealisierung** und als **Lehrerinformation** zur beliebigen Auswahl.

Unterrichtliche Möglichkeiten der Realisierung:

- **Anlesen** des Märchens durch den Lehrer/die Lehrerin bis Zeile 12, „. . . den Thron besteigen."
  - Inhaltliche Klärung des Gehörten/Inhaltswiedergabe durch die Schüler/Klärung von Begriffen
  - Vorschläge der Schüler, welche Speisen sie bereiten würden und warum
- **Weiterer Lehrervortrag** bis Zeile 22 ". . . und sprach zu ihm."
- **Tonbandeinsatz** (mglw. mit entsprechenden Geräuschen und Musik untermalt): die Rede des Erdgottes – bis Zeile 41 „. . . grüne Reisfelder dar."
  - Inhaltliche Wiedergabe (Klärung von Begriffen/Festhalten von Begriffen bzw. Entwicklung eines Tafelbildes . . .)
  - Schülergemäße Reflexion über die Symbolik im Lehrer-Schüler-Gespräch (z. B.: runder Kuchen als Symbol für den Himmel)
  - Integration wertorientierter Aussagen (z. B.: Reis ist das einfachste und zugleich kostbarste Nahrungsmittel)
- **Gemeinsames Erlesen** des Märchens bis zum Schluß
  - unter Realisierung aller facheigener, altersadäquater Möglichkeiten: Spielen der Handlung oder einzelner Szenen, klanggestaltendes Lesen, Textstellenbelegung u.a.m.

Weiterführende Möglichkeiten interkultureller Qualität im sequentiellen Rahmen:

Sprache: So sieht der erste Abschnitt des Märchens in vietnamesischer Sprache aus:

Vua Hũng thứ 6 có hai mưởi ngưởi con trai. Trong số nãy có nhiều ngưởi tãi giỏi vã đức hạnh mẫu mực như nhau. Nhã vua phân vân không biết chọn ngưởi nào để truyền ngôi.

Speisen (Lehrerinformation)

Mein luon

Eine Art Suppe aus kleinen Aalen mit Zwiebeln, Pilzen und Huhn – Vermicelli („Würmchen-Fadennudeln" – M. H.) werden hinzugefügt.

Banh cuon

Eine Füllung aus gehacktem Fleisch in Pfannkuchen – zuvor über Dampf erhitzt; dazu gehört eine delikate Soße aus Paprika, Nelken, Knoblauch, Salz, Süßmittel und Essig.

Com (Nachspeise)

Klebereis

Banh dau xanh (Nachspeise)

Zergeht, wenn man es auf die Zunge legt; Banh dau xanh besteht aus Mungbohnen und klebrigem Reiskuchen.

Feste in Vietnam

Im folgenden wird nur eine Auswahl von nationalen Festen dargestellt, da die regionalen Feste in ihrer Zahl und Ausprägung unübersehbar vielfältig sind:

Lehrerinformation:

Tet-Fest:

Es findet in ganz Vietnam statt. Tet ist der erste Tag des Mondjahres. Die Vietnamesen nennen den **Übergang von einem Jahr zum nächsten Giao Thua.** Der Tag vor Tet ist der Zeitpunkt für die Ta-Nien-Zeremonie, in der Buddha Opfer dargebracht werden. Es ist eine Zeit der großen Freude.
(Verschiedene Theorien besagen, daß Buddha im Jahre 563 v. Chr. geboren wurde. Alten Manuskripten zufolge entstand der **Buddhismus in Vietnam** während des ersten nachchristlichen Jahrhunderts. Vom 10. Jahrhundert an war der Buddhismus die vorherrschende Religion. Heute ist er die am weitesten verbreitete Religion in Vietnam.
Die erste **katholische** Missionsstation wurde in Vietnam im Jahre 1631 eingerichtet. Nach einem Auf und Ab stieg die Zahl der Katholiken im Süden bis 2.000.000 an. Nach der Wiedervereinigung Vietnams (1976) war es mit der Religionsfreiheit schlagartig vorbei, und die Katholiken mußten fliehen.)

8. März:	Dies ist der nationale **Frauentag,** an dem in den meisten Städten des Landes Paraden stattfinden.
Ostern:	Manche Katholiken feiern dieses **Osterfest,** besonders im Süden.
1. Mai:	**Tag der Arbeit;** ein allgemeiner Feiertag, der am Vollmondtag des vierten Monats liegt. Tempel und Pagoden werden zu diesem Anlaß mit Laternen dekoriert.
15. Mai:	**Buddhas Geburtstag**
1. Juni:	**Tag der Kinder**
Juli – August:	**Tag der Wandernden Seelen** fällt auf den Vollmondtag des siebten Monats. Opfergaben an Lebensmitteln und Geschenke werden in den Häusern und Tempeln für die wandernden Seelen der vergessenen Toten aufgestellt.

Name: ______________________	Klasse: ____________	Arbeitsblatt: **16**

Ten Tsien und Petra kennen ähnliche Feste

Vietnam ist ein fernes Land. Trotzdem feiern dort die Menschen viele Feste, die unseren deutschen Festen ähnlich sind.

Male die ähnlichen Feste in gleicher Farbe aus. Erzähle darüber.

Tag der wandernden Seelen	**Tag der Kinder**	**Herbstfest**
Erntedankfest	**?**	**Allerheiligen**

Tag der Lehrer	**Buddhas Geburtstag am 15.Mai**
Die Geburt Jesu am: ____________	**?**

Zwei Feste haben wir in Deutschland nicht. Würdest du sie gerne feiern?

Wie heißen die Feste in Vietnam? Beschreibe, wie du sie hier bei uns feiern würdest.

Name des Festes: ______________________________

So soll es gefeiert werden:

____

____

____

____

____

Name des Festes: ______________________________

So soll es gefeiert werden:

____

____

____

____

____

Name:	Klasse:	Arbeitsblatt: 17

Ich bin Puong, der Himmelsvogel !

Mein Kopf stellt den Himmel dar.
Mein Rücken ist der Mond.
Meine Flügel sind der Wind.
Meine Augen sind Sonnen.
Mein Schwanz besteht aus Planeten.
Meine Füße sind die Erde.

Male mich. Ich bin gespannt, wie ich aussehe!

Name: ______________________	Klasse: ____________	Arbeitsblatt: **18**

Von Long und Ly und all den anderen Tieren

Für die Menschen in Vietnam haben viele Tiere eine besondere Bedeutung.

Die **Schildkröte** heißt **Quy**.
Sie bedeutet ein langes Leben.

Das **Einhorn** heißt **Ly**.
Es verkörpert Weisheit und Güte.

Der **Drache** heißt **Long**.
Er ist ein Zeichen für Unsterblichkeit.

Phuong ist der **Himmelsvogel**.
Er bedeutet Frieden und Wohlstand.

Auch bei uns verkörpern viele Tiere besondere Eigenschaften:

Die ______________________ ist das Symbol für ______________________________ .

Die ______________________ ist das Symbol für ______________________________ .

Der ______________________ ist das Symbol für ______________________________ .

Kennst du noch andere Tiere denen man besondere Eigenschaften nachsagt?

Kennst du Geschichten mit Tieren? Erzähle sie!

Kennst du Sprichwörter, in denen Tiere vorkommen? Was bedeuten sie?